AF461736

# TABLE

## DES

## EDITS, DECLARATIONS, ORDONNANCES, ARRESTS, ET REGLEMENS

*CONCERNANT*

## LES FERMES ROYALES-UNIES.

Rendus pendant la premiere année du Bail de Me NICOLAS DESBOVES.

*Commencée le premier Octobre 1732. & finie le dernier Septembre 1733.*



TOME 

A PARIS;

Chez PIERRE PRAULT, Imprimeur des Fermes du Roy, Quay de Gêvres au Paradis.

M. DCC. XXXV.

# TABLE
## DES
# EDITS, DECLARATIONS,
## ARRESTS ET REGLEMENS

RENDUS pendant la premiere année du Bail de Me. NICOLAS DESBOVES,

*Commencée le premier Octobre* 1732. *& finie le dernier Septembre* 1733.

Concernant les Cinq Grosses Fermes, Domaines d'Occident, Tabac, Commerce & Manufactures.

*Du* 31. *May* 1730.

RREST du Conseil, portant qu'il sera fait un nouveau Bail des Fermes Generales-unies, aux cautions de Pierre Carlier, actuellement Adjudicataire desdites Fermes, pour six années, à commencer du premier Octobre 1732. pour les Gabelles, Cinq Grosses Fermes, Aydes, Entrées & Droits y joints; & du premier Janvier 1733. pour les Domaines, Controlle des Actes, Amortissemens, Franc Fiefs, nouveaux Acquests, Droits reservés, & autres y joints.

*Du 31. May 1730.*

Resultat du Conseil, portant Bail des Fermes Generales-unies, aux Cautions de Pierre Carlier, sous le nom de Nicolas Desboves, aux prix, charges, clauses, conditions, & pour les temps portés, tant audit Resultat, que par l'Arrest du Conseil du même jour.

*Du 5. Septembre 1730.*

Résultat du Conseil, portant Bail de la Ferme Generale du privilege exclusif de la Vente & Distribution du Tabac, dans toute l'étenduë du Royaume, pour huit années, à commencer du premier Octobre 1730. jusqu'au dernier Decembre 1738. sçavoir, les deux premieres, sous le nom de Pierre Carlier, & les six dernieres, sous celui de Nicolas Desboves, aux prix, charges, clauses, & conditions portés audit Résultat.

*Du 12. Septembre 1730.*

* Arrest du Conseil, pour la prise de possession de la Ferme generale du Privilege exclusif de la vente & distribution du Tabac dans le Royaume, sous les noms de Pierre Carlier, & Nicolas Desboves, pendant huit années, à commencer du premier Octobre 1730. sçavoir les deux premieres années, sous le nom de Carlier, & les six dernieres, sous celui de Desboves; dispense les employés, actuellement en place, de prêter nouveau serment; & regle les Droits d'enregistrement d'icelui, & ceux de reception & prestation de serment desdits Employés, &c.

*Du 29. May 1731.*

Résultat du Conseil, portant Bail à Pierre Carlier, & à Nicolas Desboves, des Droits Domaniaux, & autres, établis, & à établir dans la Principauté d'Orange, réunis à la Couronne par l'échange fait à M. le Prince de Conty, le 23. Avril 1731. aux prix, charges, clauses & conditions y portées.

*Du 29. May 1731.*

Arrest du Conseil, qui ordonne, qu'en attendant l'expedition, sceau, & enregistrement où besoin sera, du Resultat du même jour, Pierre Carlier, & Nicolas Desboves Adjudicataires des Fermes Generales de Sa Majesté, joüiront successivement des Domaines & Droits Domaniaux de la Principauté d'Orange, & dépendances, contenus dans le Bail passé le 26. Septembre 1723. par Louis-Armand de Bourbon, Prince de Conty, à M. Louis Crozat; & encore des Gabelles, & autres Droits qui se levent dans l'étenduë de la Province de Dauphiné, au profit de Sa Majesté, & qui sont compris dans le Bail general des Fermes Unies, fait ausdits Carlier & Desboves, pour le tems mentionné audit Résultat; veut que lesdits Droits soient payés ausdits Carlier & Desboves, leurs Sous-Fermiers, Procureurs, Commis, & Préposés aux Bureaux, pour ce établis & à établir; à quoi faire les Débiteurs seront contraints par les voyes ordinaires, pour les deniers & affaires de Sa Majesté; & que lesdits Carlier & Desboves, pourvoyent à tout ce qu'ils estimeront nécessaire pour l'entiere & paisible joüissance desdits Droits; & enjoint au sieur Intendant & Commissaire départi dans la Province de Dauphiné, & aux Juges ordinaires des Fermes, de mettre en possession desdits Droits, lesdits Carlier & Desboves, leurs Sous-Fermiers, Procureurs & Préposés, & de tenir la main à l'exécution d'icelui, nonobstant toutes oppositions ou appellations, dont si aucunes interviennent, Sa Majesté s'en réserve la connoissance & à son Conseil, & icelle interdit à toutes ses Cours & autres Juges, &c.

*Du 3. Juin 1732.*

* Arrest du Conseil, qui ordonne que tous les Abonnemens des Droits sur les Huilles & Savons dans les Provinces & Generalités du Royaume y énoncés, seront continués

pendant les six années du Bail de M^e. Nicolas Desboves, Adjudicataire des Fermes Generales Unies ; & en consequence, que les sommes principales portées par iceux, & les quatre sols pour livre seront payés audit Desboves, ses Procureurs ou Préposés en la maniere accoûtumée pour chacune desdites six années, à commencer du premier Octobre mil sept cent trente-deux.

*Du 3. Aoust 1732.*

* Declaration du Roi, *registrée en Parlement le 3. Septembre* 1732. qui proroge pendant six années, à commencer du premier octobre 1732. la levée du doublement des Droits du Domaine & Barrage & Poids-le-Roi à Paris ; du Droit d'augmentation, ou rehaussement du prix du Sel qui se consomme & distribuë dans l'interieur de la Province de Franche-Comté; des quatre sols pour livre de tous les Droits des Fermes qui y sont sujets; des Droits rétablis par la Déclaration du 15. Mai 1722. aux Entrées, Ports, Quais, Halles & Marchés de la Ville, Fauxbourgs & Banlieuë de Paris ; des Droits de Courtiers-Jaugeurs, Inspecteurs aux Boucheries, & aux Boissons, des Droits Manuels sur les Sels ; comme aussi la levée pendant six années, à commencer du premier Janvier 1733. des Droits reservés par les Edits des mois d'Aoust 1716. Janvier & Novembre 1717. dans les Cours, Chancelleries, Présidiaux, Baillages & autres Siéges & Jurisdictions du Royaume, *contenant trois articles.*

*Du 9. Septembre 1732.*

* Arrest du Conseil, pour la prise de possession du Bail des Fermes Generales Unies, sous le nom de M^e. Nicolas Desboves, pendant six années, à commencer du premier Octobre 1732. pour les grandes & petites Gabelles, Cinq Grosses Fermes, Aydes, Papier & Parchemin timbrés des Provinces où les Aydes ont cours, & autres Droits y joints ; & du premier Janvier 1733. pour les Domaines de France, Contrôlle des Actes des Notaires, Petits-Scels, Insinuations, Centiéme

Denier, Greffes, Amortiſſemens, Francs-Fiefs & Droits y joints.

Permet audit Desboves de ſe ſervir des Timbres qui ſont actuellement en uſage.

Diſpenſe les Emploïés de prêter nouveau Serment; & regle les Droits d'Enregiſtrement, tant dudit Arreſt, que ceux de Reception & Preſtation de Serment deſdits Emploïés.

*Du 4. Octobre 1732.*

* Lettres Patentes ſur les Arreſts du Conſeil, des 4. Avril 1724. & 24. Juin 1732. ſervant de Reglement pour les Déclarations des Marchandiſes dans les Bureaux des Cinq Groſſes Fermes; *regiſtrées à la Cour des Aydes de Paris le 5. Decembre 1732. au Parlement de Bretagne le 24. Novembre de la même année, & au Parlement de Grenoble le 11. Decembre ſuivant.*

*Du 6. Octobre 1732.*

* Départemens de Meſſieurs les Fermiers Generaux, pour le ſervice des Fermes Royales Unies, pendant la premiere année du Bail de Me. Nicolas Desboves.

*Du 7. Octobre 1732.*

* Arreſt du Conſeil & Lettres Patentes ſur icelui, *regiſtrées en la Cour des Aydes le 5. Decembre 1732.* ſervant de Reglement pour rectifier les abus ſur les Draps étrangers, & des Manufactures de France, qui ſe vendent & débitent par les Marchands & Negocians de Paris, ſans avoir les Plombs ordonnés par l'Arreſt du 27. Mars 1731.

*Du 7. Octobre 1732.*

Arreſt du Conſeil & Lettres Patentes, qui ordonnent que Pierre Carlier & Nicolas Desboves ſucceſſivement Adjudicataires des Fermes Generales Unies, & de celles de la Principauté d'Orange, compteront à la Chambre des Comptes de Grenoble du prix du Bail à eux fait par Resultat du 29. Mai 1731. des Domaines & autres Droits établis & à établir dans ladite Principauté.

*Du 7. Octobre 1732.*

Arrest du Conseil, qui ordonne que par les Cautions de Pierre Carlier, Adjudicataire General des Fermes, il sera remis au Sieur Comte de Maurepas, Secretaire d'Estat de la Marine, des Etats certifiés de tous les Effets, Meubles, Ustensiles & Marchandises appartenans à Sa Majesté aux Isles & Colonies Françoises, servant à l'exploitation du Domaine d'Occident, & dont ledit Carlier, ses Commis & Préposés ont été mis en possession au premier Janvier 1727. suivant les Inventaires qui en ont été dressés alors, & les Comptes qui ont été arrêtés de la Régie faite jusqu'audit jour premier Janvier 1727. Ensemble Copies certifiées des Baux des Soûs-fermes passés par ledit Carlier; comme aussi les Titres de proprieté ou Copies autentiques d'iceux, concernant l'acquisition faite au nom de Sa Majesté par Contrat des 29. & 31. Octobre 1724. de la Terre & Seigneurie de la Malbaye unie au Domaine d'Occident.

*Du 7. Octobre 1732.*

Arrest du Conseil, qui ordonne qu'à la diligence de Pierre Carlier, Adjudicataire des Fermes Unies, & de celle du Tabac, il sera incessamment procedé à la réparation du mur de l'aîle gauche de la Maison sise ruë du Bouloir, appartenante à Sa Majesté, où est le Bureau General du Tabac en poudre, mitoyen du Bureau des Cuirs, conformément à l'Etat estimatif certifié par le sieur de Cotte; & autorise ledit Carlier à en faire les avances, desquelles il lui sera tenu compte sur le prix de son Bail.

*Du 7. Octobre 1732.*

Arrest du Conseil, qui ordonne l'Envoy à M. le Contrôlleur General des Finances, des motifs d'un Arrest de la Cour des Comptes, Aydes & Finances de Provence, du 7. Juillet 1732. par lequel cette Cour en mettant au neant l'appellation interjettée par le nommé Joseph Guillen, Muletier de la Ville d'Aubagne, d'une Sentence contradictoire renduë par le Maître des Ports le 22. Decembre 1731. portant confiscation des Huiles entreposées par ledit Guillen dans sa maison à Aubagne avec amende & dépens, avoit admis ledit Guillen à faire preuve, comme il s'étoit présenté au Bureau, à l'effet de faire sa déclaration, & qu'il n'y avoit point trouvé d'Emploïés; pour lesdits motifs vûs & examinés, être par Sa Majesté fait droit à qui il appartiendra, toutes choses jusqu'à ce demeurant en état.

*Du 14. Octobre 1732.*

Arrest du Conseil, qui permet au sieur Hercouet, & Compagnie, d'équiper pour la Rochelle, leur Vaisseau *la Nôtre-Dame de Délivrance*, du port d'environ 300. tonneaux, & de le fréter dans ledit Port, pour Leogane, Isle de Saint Domingue, à condition que le Commandant dudit Vaisseau reviendra de Leogane directement dans ledit Port de la Rochelle, & y fera le débarquement des Marchandises qui auront été chargées à Leogane Isle de Saint Domingue.

*Du 14. Octobre 1732.*

Arrest du Conseil, qui déboute le nommé Desiderio Pagano, originaire de Portolongone en Espagne, & Patron de la Felouque *la Nôtre-Dame de la Conception, & Saint Antoine de Padouë*, les nommés Gaspard Boissier & Compagnie, Pierre Mazel, les Freres Villon, tous Négocians de la Ville de Genes; Jean-François Reynaud Marchand de la Ville de Nice, & Jean Audifret Marchand à Marseille, des Appels par eux formés au Conseil, tant de la Sentence du Maître des Ports de Provence du 14. Mars 1732. que de celle de l'Amirauté de Marseille du 4. Avril suivant, par lesquelles ladite Felouque, Agrez, Apparaux, Tabacs, & autres Marchandises de son Chargement ont été confisquées, & ledit Patron, ensemble les Reclamateurs condamnés à l'amende & aux dépens, faute par ledit Desiderio Pagano d'avoir fait sa déclaration dans les 24. heures de son arrivée, ni représenté de manifeste de son Chargement: Et ordonne l'execution desdites Sentences.

*Du 14. Octobre 1732.*

* Arrest du Conseil, qui exempte des Droits dûs au Roy, ou à ses Fermiers, & des Droits de Peage, les grains qui seront transportés des Provinces du Royaume, dans celles de Dauphiné, pendant un an, à compter du 25. Octobre 1732.

*Du 14. Octobre 1732.*

* Arrêt du Conseil, portant reglement pour la vente & distribution du Tabac, dans les Villes de Dole, Gray, & Lons-le-Saunier, & pour empêcher la fraude dans la Province de Franche-Comté.

*Du 18. Octobre 1732.*

Arrest du Conseil, qui ordonne, que pendant un an, à compter du premier Septembre 1732. les Vins & les Eaux de vie de la Province de Languedoc, qui seront portés dans les Pays étrangers, par les ports de Sette, Agde, & la Nouvelle, continueront de joüir de la moderation du tiers des droits de sortie, & du tiers du Droit de Fret.

*Du 21. Octobre 1732.*

Arrest du Conseil, qui permet au sieur Jean Maries, Citoyen Noble de la Ville de Perpignan, & à ses descendans en ligne masculine, d'établir dans ladite Ville, une fabrique sous le titre de Manufacture de Velours, Ras de St. Maur, de de Gros de Naples, de Poudesoye, de Serges, de Gros de Tours, de Taffetas de toute espece, de Mouchoirs & de Bas de Soye & de Filozelle, d'y faire fabriquer toutes lesdites Etoffes & bas cy-dessus mentionnés, de tenir dans ladite Ville où bon lui semblera, un Magasin pour la Vente en gros & en détail desdites Etoffes & Bas, à la charge que ladite Manufacture sera soumise à la Jurisdiction de la Police des Arts & Métiers appartenant en premiere instance, aux Consuls de ladite Ville, & qu'il se conformera aux Statuts & Reglemens concernant chacune desdites Fabriques d'Etoffes de Soye & de Bas; lui permet de mettre au dessus de la Porte de sa Manufacture, un Tableau aux Armes de Sa Majesté, avec une Inscription. *MANUFACTURE ROYALLE de Velours, & de toutes sortes d'Etoffes de Soye & de Bas de Soye & de Filozelle*, & de faire porter la Livrée de Sa Majesté au Portier de ladite Manufacture Royalle, d'apposer sur la liziere de chacune desdites Etoffes & Bas cy-dessus mentionnées, un plomb particulier pour les connoître, duquel il sera tenu de remettre une Empreinte au Bureau du Secretariat des Consuls de ladite Ville, & de porter audit Bureau toutes lesdites Pieces d'Etoffes & autres qu'il fera fabriquer, pour y être marquées & plombées du Cachet des armes de ladite Ville, avant de pouvoir être vendus, & d'y donner sa déclaration par écrit de la qualité & quantité de chacune desdites Pieces d'Etoffes & Bas, &c.

*Du 21. Octobre 1732.*

Arrest du Conseil, qui ordonne qu'un Ballot de Toilles peintes trouvé au fond de la Mer, dans le Port de Cette, le neuf Aoust 1731. & déposé au Greffe de l'Amirauté dudit Port, sera remis à Pierre Carlier, Adjudicataire des Fermes Generales-unies, par le Greffier de ladite Amirauté, comme devant être compris dans la confiscation des Marchandises saisies sur le nommé Jean-Thomas Patron Catalan, qui les versoit en fraude, & ce, suivant & conformément au Jugement rendu le 11. Fevrier 1732. par le Sieur de Bernage de Saint Maurice, Intendant de Languedoc, contre ledit Jean Thomas, à la charge par ledit Carlier, de payer le tiers de la valeur dudit Ballot au nommé Jean-Martin Patron, Pêcheur, qui l'a trouvé, & aux Officiers de l'Amirauté, les frais par eux legitimement faits à cette occasion.

*Du 28. Octobre 1732.*

* Arrest du Conseil, par lequel Sa Majesté faisant droit sur l'instance, & sans s'arrêter aux demandes formées par les Habitans des Paroisses & Communautés deComtes, Cauron, & Saint Vast en Artois, à eux joints, les Etats de ladite Province dont ils sont déboutés, ordonne que l'Arrest du 21. Fevrier 1690. & la Declaration du premier Aoust 1721. portant Reglement general pour la Ferme du Tabac, seront executés dans l'etenduë desdites Paroisses; en conséquence, que les Sentences du Juge des Fermes d'Hesdin, du 17. Juin 1732. par lesquelles plusieurs Habitans desdites Paroisses de Comtes & Cauron, ont été condamnés chacun en quinze cent livres, pour avoir été trouvé des Tabacs entreposés chez eux, sortiront leur plein & entier effet; fait très-expresses inbitions & désenses aux Habitans desdites Paroisses, de faire à l'avenir aucunes plantations ni amas de Tabac, à peine de confiscation desdits Tabacs & de mille livres d'amende contre chacun des contrevenans, conformément au résultat du dix-huit Decembre mil sept cent quatorze, pour l'exécution duquel, permet à Pierre Carlier, Adjudicataire des Fermes Generales-unies & à ses Successeurs, dans l'exploittation de la Ferme du Tabac, de faire faire dans lesdites Paroisses des visites & recherches, ainsi & de la même maniere que dans les Paroisses situées dans l'étenduë des trois lieuës des limites de la Province de Picardie.

*Du 28. Octobre 1732.*

* Arrest du Conseil, qui déboute les Eschevins, Syndic & Habitans de la Ville d'Aumalle, de l'opposition par eux formée à celui du 15. Juillet précedent, portant que les Receveurs, Commis & Employés des Fermes en ladite Ville

d'Aumalle, seront exempts des Droits portés par le Tarif, tenant lieu de la Taille arrêté au Conseil le 23. Septembre 1710. pour raison des Denrées & Marchandises qu'ils seront entrer dans ladite Ville, pour leur usage & consommation, & que les sommes par eux payées leur seront renduës & restituées; & ordonne que ledit Arrest sera executé selon sa forme & teneur.

*Du* 28. *Octobre* 1732.

Arrest du Conseil, qui évoque & renvoye pardevant le Sr Poulletier, Intendant & Commissaire departy en la Generalité de Lyon, la Procedure extrordinairement commencée par le Sieur Pupil, Conseiller en ses Conseils, Premier President en la Cour des Monnoyes, & Présidial de Lyon, & Président en la Doüanne de ladite Ville, à la Requête de Me Pierre Carlier, Adjudicataire General des Fermes Unies, contre les nommés Antoine Roze, Baltazard David, Daniel d'Orman, Villebois, Denois, & autres Marchands de la Ville de Bordeaux; & encore contre les nommés Cretel du Pont de Beauvoisin, Joseph Cropine son Valet, Claude Neron, Antoine Hennequin, & Jean-Baptiste Dupuis, Employés au Bureau de Colonge, *ces quatre derniers Prisonniers dans les Prisons de Lyon*, accusés d'avoir mis leur Vû & décharge sur des acquits à Caution, pour des Sucres rafinés & expediés à Bordeaux, quoy qu'ils neussent point passé par leur Bureau, circonstances & dépendances, pour au rapport dudit Sieur Pupil, être le Procés fait & parfait aux Auteurs, Fauteurs, Complices, Participes ou Adhérans des Prévarications, Fraudes & contraventions dont lesdits Accusés sont prévenus, être le tout jugé par ledit Sieur Poulletier, souverainement & en dernier ressort, en appellant avec lui le nombre de Gradués requis par l'Ordonnance.

*Du* 28. *Octobre* 1732.

* Arrest du Conseil, portant révocation de celui du 14. Juin 1732. qui avoit défendu la sortie des Grains de la Province de Bretagne, pour les Pays Etrangers; Ordonne que les Marchands,

Négocians ou autres de la Province de Bretagne, pourront transporter ou faire des envoys de Grains à l'Etranger, par les Ports de Saint Malo, le Legué, Pontrieux, Morlaix, Vannes, Hennebon, Quimper, Quimperlay, Brest, Nantes, Pain bœuf, Audierne, Ponteroix, la Rochebernard Auray, Lanion, Treguier, d'Aouët, Pont l'Abbé & Peners, en payant dix sols pour chacun Tonneau de Froment ou Méteil, du poids de deux milliers, & huit sols pour chacun Tonneau de même poids, de Seigle, Orge, Baillarge & autres menus Grains, qui sortiront par lesdits Ports, & qu'il sera fait dans les Bureaux de sortie, des Declarations de la quantité & qualité des Grains, avant les chargemens, pour être lesdits Droits payés; le tout à peine de confiscation desdits Grains & de mille livres d'amende. Fait défenses aux Habitans de ladite Province de Bretagne, de quelque qualité & condition qu'ils soient, d'embarquer ou faire embarquer dans d'autres Ports que ceux cy-dessus désignés, aucuns Grains pour l'Etranger, à peine de confiscation & d'être punis suivant la rigueur des Ordonnances.

*Du 11. Novembre 1732.*

* Arrest du Conseil, qui ordonne l'execution des Arrests, Lettres Patentes, des 4. 11. & 30. Avril 1699. 20 Mars 1708. 14. Aoust 1717. 17. Fevrier 1719. 20. Juin 1721. & 9. Novembre 1728. & en conséquence, que tous les Exploits de saisies, oppositions ou empêchemens, à la délivance & payement des sommes assignées & employées dans les Etats du Roy, expediées pour la distribution des deniers de ses Fermes, remboursemens des avances des Fermiers, & tous autres remboursemens, charges & dépenses concernant la Regie desdites Fermes, *seront visés & paraphés* sans frais, par André-Guillaume Gaultier, Receveur General du Bail de Nicolas Desboves, Adjudicataire General des Fermes, tant celles faites depuis le premier Octobre 1732. que celles qui seront faites par la suite; & déclare nuls les Exploits de saisies, oppositions ou empêchemens, qui n'auront point été par lui visés & paraphés.

*Du 11. Novembre 1732.*

* Arrest du Conseil, qui ordonne que Pierre Carlier & ses Cautions, cy-devant Fermiers Generaux des Fermes Unies, ne pourront être assignés qu'en leur domicile à Paris, ni traduits ailleurs qu'en la Cour des Aydes de Paris; & déclare nulle & de nul effet, toutes autres assignations qui pourroient être données audit Carlier & à ses Cautions, pour raison des affaires des Fermes, concernant le Bail dudit Carlier.

*Du 22. Novembre 1732.*

* Arrest du Conseil, portant défenses à tous Négocians qui envoyent des Draps dans les Echelles du Levant, de les y vendre ou faire vendre autrement que sur la facture de l'aunage en blanc, & à tous Fabriquans, de délivrer d'autres Factures que celles qui contiendront cet aunage, à peine en cas de contravention, de trois mille livres d'amende contre les Négocians; Et contre les Fabriquans, d'interdiction de la Maîtrise dès la premiere fois, & pour toûjours.

*Du 22. Novembre 1732.*

* Jugement rendu en dernier ressort, par M. le Lieutenant General de Police.

Qui condamne les nommés Jean-Baptiste Necton, trois Quidams Contrebandiers, & Paul Pontonnet, duëment atteints & convaincus du commerce de faux Tabac à port d'armes, a être conduits à la Chaisne, pour y être attachés & y servir le Roy comme forçats dans ses Galleres, & en l'amende de cinq cent liv. chacun envers le Roy; laquelle condamnation à l'égard desdits trois Quidams Contrebandiers, sera transcritte dans un Tableau qui sera attaché à un Poteau en Place de Grêve; déclare la Contumace bien instruite contre un autre Quidam Contrebandier, & une Quidamne; ordonne avant faire droit diffinitivement, qu'à la Requête du Procureur General de la Commission, il sera informé des faits mentionnés au Procès. Ordonne que les Decrets decernés contre les nommés Pierre, Loüis Villet, Didier Bouvain, François, Joseph La Pierre, un Quidam Jardinier d'une Maison dépendante des Camaldules, un Quidam Soldat, & deux autres Quidams seront executés, & leur Procès fait suivant la rigueur des Ordonnances, &c.

*Du 25. Novembre* 1732.

Arrest du Conseil, qui ordonne qu'à compter du premier Octobre 1732. jusqu'au dernier Septembre 1738. il ne sera perçû pour Droits d'Entrée, d'Abord & de Consommation dans la Province d'Anjou, sur chaque Barrique de Sardines, venant de Bretagne, que quatre livres quinze sols six deniers, au lieu de ceux fixés par les Tarifs de 1664. & 1681. sçavoir pour Droits d'Entrée, vingt-cinq sols par Barrique de cinq milliers chacune, à raison de dix sols le Baril de deux milliers; pour celui d'Abord, trente sols par chaque Barique du poids de trois cent livres, à raison de dix sols du cent pesant, & pour celui de Consommation, deux livres six deniers, à raison de treize sols six deniers aussi du cent pesant, par Barrique.

*Du 25. Novembre* 1732.

Arrest du Conseil, qui ordonne que pendant six années à commencer du premier Octobre 1732. les Huilles provenans des Baleines, Molues & autres Poissons pêchés par les Sujets de Sa Majesté, & apportés dans les differens Ports de France sur des Vaisseaux François, & déclarés pour être consommés dans le Royaume, seront & demeureront déchargés des Droits ordonnés par les Edits des mois d'Octobre 1716. & Aoust 1714. & par la Declaration du 21. Mars 1716. du montant desquels Droits il sera tenu compte à Nicolas Desboves, Adjudicataire des Fermes Generales sur le prix de son Bail.

*Du 25. Novembre 1732.*

Arrest du Conseil, qui commet le Sieur de Pommereu, Intendant & Commissaire départi en la Généralité d'Auch, pour instruire & juger le Procès aux Auteurs, Complices, Fauteurs, Participes, ou adherans, des expoliations & rebellion faites aux Employés de la Brigade des Fermes, établie à la Chop Saint Estienne, à l'occasion d'une saisie faite le 11. Octobre 1732. d'une livre & demi de faux Tabac d'Espagne, sur le nommé Harambillet du lieu de Brignons en Basque, & domestique du Sieur Lamarque, évoque & renvoye pardevant ledit Sieur de Pommereu, les Procedures qui pourroient avoir été commencées pour raison de ce en quelque Jurisdiction que ce soit, & icelles circonstances & dépendances, pour être le tout par lui jugé souverainement & en dernier ressort, en appellant avec lui le nombre de Gradués requis par l'Ordonnance, quoi faisant déchargés.

*Du 25. Novembre 1732.*

Arrest du Conseil, qui liquide à la somme de trois cens cinq mille sept cens une livre trois sols le remboursement dû à Pierre Carlier, Adjudicataire des Fermes Générales-Unies, pour le montant des Droits des Marchandises & autres Effets mentionnés aux Passeports qui ont été expediés par les ordres de Sa Majesté, pendant la cinquiéme année de son Bail, commencé le premier Octobre 1730. & fini le dernier Septembre 1731. pour le montante de laquelle somme de trois cens cinq mille sept cens une livre trois sols, il lui sera expedié une Ordonnance de comptant sur le Garde du Tresor Royal en exercice, laquelle lui sera payée en une quittance comptable sur & en déduction du prix de son Bail.

*Du 25. Novembre 1732.*

† Arrest du Conseil, qui ordonne l'execution de ceux des 8. Août 1719. & 27. Mars 1731. concernant les Etoffes de fabrique étrangere, & en consequence confisque huit Piéces de Velours de Hollande, ou autre Pays étranger, arrivées au Bureau de la Doüanne de Paris sans aucuns plombs de fabrique, ni de ceux de la Doüanne de Lyon.

*Du 2. Decembre 1732.*

* Arrest du Conseil, qui permet aux Marchands, Fabriquans & Curandiers du Pays de Caux, de porter leurs Toiles au Bureau établi dans le Bourg de Bolbec, sans être obligés de les porter à celui de la Halle de Roüen.

*Du 2. Decembre 1732.*

* Arrest du Conseil, portant Reglement sur les Rames; dont les Fabriquans se servent pour dresser les Draps & autres Etoffes de laine de leurs Manufactures.

*Du 2. Decembre 1732.*

Arrest du Conseil, qui commet le Sieur de la Briffe, Conseiller d'Estat, Intendant & Commissaire départi au Duché de Bourgogne, pour instruire & juger le Procès aux auteurs, complices, participes, ou adherans, tant de la rebellion, voye de fait, & fraude de faux Tabac avec attroupement & port d'armes, que de l'expoliation de deux chevaux chargés de faux Tabac, & autres excès commis en la la personne des Employés des Fermes établis au Poste de Fontaine-Françoise, les 6, 7, 8, 9 & 10. Novembre 1732. & mentionnés au Procès verbal desdits Employés, par plusieurs Habitans du Village de Tillecey, évoque & renvoye pardevant ledit Sieur de la Briffe, les Procedures qui pourroient avoir été commencées pour raison de ce en quelques Jurisdictions que ce soit, pour être le tout par lui jugé souverainement & en dernier ressort, en appellant avec lui le nombre des Gradués requis par l'Ordonnance.

*Du 2. Decembre 1732.*

Arrest du Conseil, qui déboute les Officiers de l'Election d'Evreux de leur opposition à celui du 15. Juillet 1732. par lequel la connoissance des contestations, concernant la Ferme du Tabac, leur a été interdite, & en consequence, ordonne, que le Greffier de ladite Election, sera contraint par toutes voyes, même par corps, d'envoyer au Greffe des Officiers du Grenier à Sel de la même Ville, les Procès verbaux de Saisies & Procedures, concernant le Tabac, qui ont été portés devant les Officiers de ladite Election.

*Du 9. Decembre 1734.*

* Arrest du Conseil, qui en casse un du Conseil superieur de Roussillon, du 24. Novembre 1732. Ordonne l'execution de celui du Conseil du 28. Novembre 1730. & en consequence, permet à Nicolas Desboves, Adjudicataire des Fermes Generales-Unies, & ses Commis, de continuer à percevoir deux sols par chaque livre pesant de Tabac, qui sera vendu fisselé, & ce outre & pardessus les prix reglés par la Declaration du premier Août 1721. fait défense au Procureur General du Conseil superieur de Roussillon, de faire aucunes poursuites, ni informations contre ledit Desboves & ses Commis, & si aucunes ont été faites, les declare nulles & de nul effet.

*Du 9. Decembre* 1732.

Arreſt du Conſeil, par lequel Sa Majeſté faiſant droit ſur l'Inſtance entre Pierre Carlier, Adjudicataire des Fermes Generales-Unies, & Louis Edeline, Marchand à Cambray, ſur l'Appel interjetté par ledit Edeline, d'un Jugement du Subdelegué de l'Intendance de Lille, du premier Avril 1730. portant confiſcation de Marchandiſes de contrebande ſur lui ſaiſies, en entrant dans ladite Ville de Cambray : ordonne, que ledit Jugement ſera executé ſelon ſa forme & teneur.

*Du 16. Decembre* 1732.

Arreſt du Conſeil, qui commet le Sieur de la Galaiſiere, Intendant & Commiſſaire départi en la Généralité de Soiſſons, pour inſtruire & juger le Procès aux Employés de la Brigade de Signy-le-Petit, à la réſidence d'Aouſt, pour raiſon des malverſations & prévarications par eux commiſes dans l'exercice de leurs Commiſſions, ainſi qu'à leurs complices & adherans, évoque & renvoye pardevant ledit Sieur de la Galaiſiere, les Procedures qui pourroient avoir été commencées pour raiſon de ce en quelque Juriſdiction que ce ſoit, pour être le tout par lui jugé ſouverainement & en dernier reſſort, en appellant avec lui le nombre de Gradués requis par l'Ordonnance.

*Du 16. Decembre* 1732.

Arreſt du Conſeil, qui ordonne que celui du 28. Novembre 1732. qui a permis la ſortie des Grains pour l'Etranger, par differents Ports de la Province de Bretagne, en payant dix ſols par tonneau de Froment ou Méteil, & huit ſols par tonneau de Seigle, Orge, Baillarge & autres menus Grains, ſera executé dans le Port de Rhedon, ainſi & de la même maniere que si ledit Port avoit été dénommé dans ledit Arrest, & en conséquence permet ausdits Habitans & Négotians dudit Lieu, de faire transporter ou faire des envoys de Grains à l'Etranger, suivant & conformément aux dispositions de l'Arrest dudit jour 28. Octobre 1732.

*Du 16. Decembre 1732.*

Arrest du Conseil, qui commet le Sieur de Pommereu Intendant & Commissaire desparty en la Generalité d'Auch, pour instruire & Juger le Procès, tant aux nommés Tafernabery, dit Elhory, & Bernard Bentabery, Contrebandiers à port d'armes, arrêtés par les Employés de la Brigade établie à l'Ecombery, & par eux conduits dans les Prisons de Bayonne, qu'aux autres Auteurs, Complices, Fauteurs, Participes ou Adherans du Commerce de Contrebande de faux Tabac, & autres faits mentionnés dans le Procès verbal desdits Employés, du 23. Avril 1732. évoque & renvoye pardevant ledit Sieur de Pommereu, les Procedures qui pourroient avoir été commencées pour raison de ce en quelque Jurisdiction que ce soit, & icelles circonstances & dépendances, pour être le tout par lui jugé souverainement & en dernier ressort, en appellant avec lui le nombre de Gradués requis par l'Ordonnance.

*Du 19. Decembre 1732.*

Ordonnance de Monsieur l'Intendant de Languedoc; qui prescrit les formalités à observer, pour empêcher les fraudes qui se commettent dans la perception des Droits sur les Huiles qui entrent, se consomment, ou qui sortent de ladite Province.

*Du 20. Decembre 1732.*

* Arrest du Conseil, qui ordonne que pendant deux années à compter du 21. Novembre 1732. les Droits sur les Ai-

guilles venant des Pays Etrangers, continuëront d'être payés sur le pied de dix livres par chaque cent pesant, au lieu de vingt livres imposés par l'Arrest du 3. Juillet 1692.

*Du 23. Decembre 1732.*

* Arrest du Conseil, qui maintient les Habitans du Comté de Sault, dans les Privileges & Exemptions qui leur ont été accordés & confirmés par l'Arrest du 26. Aoust 1727. ordonne qu'il ne sera établi aucuns Bureaux dans l'interieur du Comté de Sault; que pour assûrer l'execution de l'Arrest du 29. Janvier 1732. toutes Marchandises & Denrées sortant de Provence ou Dauphiné, pour entrer dans le Comté de Sault ou qui viendront dudit Comté, dans l'une ou dans l'autre de ces Provinces, seront assujetties aux Droits ordinaires qui se perçoivent à l'entrée & à la Sortie, sur les Marchandises & Denrées allant ou venant de ces Provinces dans le Pays Etranger, ainsi qu'il se pratique à l'égard de la Principauté d'Orange; qu'à cet effet si le cas le requiert, il sera établi de nouveaux Bureaux sur les limittes du Dauphiné & de la Provence, à la diligence de Pierre Carlier, Adjudicataire des Fermes Generales-Unies; qu'au surplus l'Arrest du Conseil du 10. Juin 1731. concernant la prohibition des Marchandises du Comtat, sera executé dans le Comté de Sault, & qu'en conséquence toutes les Etoffes de Soye, Laine, Bas & autres Marchandises & Denrées dudit Comtat d'Avignon, que l'on voudra introduidre dans le Comté de Sault, seront saisies par les Employées des Fermes qui y sont établis, & confisquées aux termes dudit Arrest.

*Du 23. Decembre 1732.*

* Arrest du Conseil, par lequel Sa Majesté en interprétant l'Arrest du 29. Janvier 1732. ordonne qu'à l'avenir les Droits de la Traitte Domaniale, seront exactement perçûs suivant le Tarif du 11. Octobre 1632. les Lettres Patentes du 12. du même mois, & conformément aux Edits, Declarations, & Arrests depuis intervenus sur les Marchandises & Denrées

qui y sont sujettes, & sur les Bestiaux qui sortiront du Royaume par la Province du Dauphiné, pour quelque Pays que ce puisse être, qui ne se trouve pas de la domination de Sa Majesté, nonobstant toutes Exemptions, Immunités & Possessions à ce contraires, ausquelles il est dérogé, & que lesdits Droits seront acquittés dans les mêmes Bureaux de Dauphiné, où se payent actuellement ceux de la Doüanne de Valence; déclare oblique toute autre Route que celle où il y aura des Bureaux établis, le tout à peine de confiscation desdites Marchandises, Denrées & Bestiaux, des Charettes, Chevaux, Mulets, Batteaux, & autres Voitures, & de mille livres d'amende, contre les contrevenans, & ce sans dérogation ausdites défenses faites de sortir du Royaume certaines Especes desdites Marchandises, Denrées, & Bestiaux, lesquelles subsisteront jusqu'à ce qu'il en soit autrement ordonné.

*Du 23. Decembre* 1732.

Arrest du Conseil, qui commet le Sieur Chauvelin, Intendant & Commissaire departi en la Generalité d'Amiens, pour au lieu & place du Sieur Colleau, Lieutenant Criminel au Bailliage & Siege Présidial de Melun, reprendre suivant les derniers erremens l'instruction, & juger le Procès par lui instruit contre le nommé Cristophle Garde & ses Complices, Habitans du Village de Suzy, se disant employés dans les Fermes, atteints & convaincus d'avoir commis plusieurs violences & vols dans la maison & en la personne de Pierre Noé Meusnier du Moulin de Briquenette, Paroisse de Saint Gobin, lequel a été condamné par contumace, à être pendu par Jugement rendu par ledit Sieur Colleau, le 30. Octobre 173[illegible] & depuis arrêté par le Lieutenant de la Marechaussée de la Ville de Laon, & conduit dans les Prisons de ladite Ville, attribuant à cet effet audit Sieur Commissaire departy, toute Cour, Jurisdiction & connoissance, icelle interdisant à toutes ses Cours & autres Juges, & ordonne que ledit Cristophle Garde, sera transferé des Prisons de ladite Ville de Laon où il est détenu dans celles de la Ville de Saint Quentin.

*Du 23. Decembre 1732.*

Arreſt du Conſeil, qui commet le Sieur Dodart, intendant & Commiſſaire départy en la Generalité de Bourges, pour inſtruire & juger ſouverainement & en dernier reſſort, toutes les affaires criminelles qui ſont ſurvenuës ou qui ſurviendront dans l'étenduë de ladite Generalité, tant à l'occaſion du commerce de Tabac de contrebande, de l'introduction & débit des Indiennes, & autres Marchandiſes prohibées, que du commerce de faux Sel, avec armes & attroupement, au deſſus du nombre de cinq, ſoit à pied, à cheval ou ſans armes.

*Du. 23 Decembre 1732.*

* Arreſt du Conſeil, portant réglement pour les Papiers qui ſe fabriquent dans la Province d'Auvergne, *contenant quatorze articles.*

*Du 23. Decembre 1732.*

* Arreſt du Conſeil, qui permet aux Habitans des Paroiſſes de Vraſvilli, Digoville & Tourlaville, ſituées ſur les Côtes du Reſſort de l'Amirauté de Barfleur, de faire la Coupe des Vraicqs avec les Habitans des autres Paroiſſes de ladite Amirauté.

A ceux des Paroiſſes de Valcanville, le Vicel, Annville-en-Cerc, Sainte Genevieve, Tocqueville & la Pernelle, de faire ladite coupe concurremment avec les Habitans des Paroiſſes maritimes du Reſſort de ladite Amirauté, après que leſdits Habitans auront fait ſeuls cette coupe pendant ſix jours.

Et aux Habitans bordiers de ladite Amirauté, de faire ladite coupe depuis le 15. Juillet juſqu'à la fin de Septembre, pour faire de la Soude.

*Du 30. Decembre 1732.*

* Arreſt du Conſeil, qui ordonne l'execution de ceux des

cinq Mars & 12. Aoust 1724. & 29. May 1725. qui permettent aux Marchands Forains, d'achepter des Toilles à la Halle de Paris; en conséquence, condamne les Jurées Lingeres à rendre & restituer à Nicolas Dugaast, Marchand à Senlis, trois Pieces de Toilles qu'elles ont saisies sur lui, pour y avoir été acheptées, ou à la somme de mille livres pour la valeur d'icelles.

*Du 30. Decembre 1732.*

* Arrest du Conseil, qui ordonne que le Droit de petite Coûtume de seize sols par Tonneau de Vin qui se recueille dans la Jurisdiction de Castillon, continuëra d'être payé par les Habitans de Castillon, pour les Vins qu'ils feront sortir & transporter ailleurs qu'en la Ville de Bordeaux; décharge les Sieurs Macé & Souchart & les Habitans de la Ville de Libourne, dudit Droit de petite Coûtume, sur les Vins qu'ils recueilleront de leurs Vignes, situées dans le Territoire de Castillon, lorsqu'ils les feront sortir dudit Castillon pour les faire transporter dans ladite Ville de Libourne, lieu de leur Domicile.

*Du 31. Decembre 1732.*

* Arrest du Conseil, qui ordonne que les Gardes-Jurés ou Syndics des Pêcheurs du Poisson de Mer, établis dans les lieux maritines des Provinces de Flandre, Pays conquis & reconquis, Boulonnois, Picardie & Normandie, pourront être continués dans cet employ aussi longtems qu'il plaira à Sa Majesté.

*Du 4. Janvier 1733.*

* Arrest du Conseil, qui exempte des Droits dûs au Roy ou à ses Fermiers, & des Droits de Péage, les Grains qui seront transportés des Provinces du Royaume dans le Lyonnois pendant un an, en observant les formalités prescrites par ledit Arrest.

*Du 6. Janvier 1733.*

Arrest du Conseil, qui ordonne que les Tabacs fabriqués & non fabriqués, ensemble les matieres & ustenciles servant à la fabrication, ne seront assujettis qu'aux Droits de Péages appartenans à Monsieur le Prince de Rohan, sur le Rhone seulement.

*Du 6. Janvier 1733.*

Arrest du Conseil, qui commet le Sieur Lebret, Conseiller d'Estat, Intendant & Commissaire départi en Provence, pour instruire & juger en dernier ressort, le Procès aux nommés André Imbert du Hameau de Cherchry, près de Seyrac, Jacques Alphau du lieu d'Ubaye, & Joseh Baille du Hameau de Pontpierre, arrêtés par les Employés de la Brigade des Fermes établie à Colmart, & constitués ès Prisons de ladite Ville, accusés d'avoir à main armée escorté jusqu'au Col de Champ, Terre de Savoye, dix Mulets chargés de Laine, que des Contrebandiers vouloient faire passer à l'Etranger, & autres auteurs, complices, participes ou adhérans des Faits mentionnés dans le Procès-Verbal desdits Employés du 16. Octobre 1732. Evoque & renvoye pardevant ledit Sieur Lebret les Procedures qui pourroient avoir été commencées pour raison de ce, en quelque Jurisdiction que ce soit, & icelles circonstances & dépendances, pour être le tout par lui jugé souverainement & en dernier ressort, en appellant avec luy le nombre de Gradués requis par l'Ordonnance.

*Du 13. Janvier 1733.*

Arrest du Conseil, qui fait Deffenses à tous Marchands, Negocians ou autres, de faire sortir de la Province de Poitou, de la Baillarge & de l'Avoine, pour les autres Provinces du Royaume, & pour quelque destination que ce soit sous les peines portées par les précedents Arrests & Reglemens.

Du

*Du 13. Janvier 1733.*

Arrest du Conseil, qui ordonne que M. le Procureur General de la Cour des Aydes de Paris, envoyera au Greffe du Conseil les motifs d'un Arrest de ladite Cour du 5. Septembre 1732. par lequel en mettant au néant l'Appel interjetté par Carlier, Adjudicataire des Fermes, d'une Sentence du Juge des Traites de Civray du vingt-deux Juin 1731. qui avoit fait main-levée d'une Saisie faite de 535. liv. pesant de Laine que les nommés Bernard, Fity, Barot, Veraneau, Arnoult, Bacton, de Fey dit Pardaillan, avoient fait passer dans l'étenduë des quatre lieuës limitrophes des Provinces de la Ferme, sans déclaration, a ordonné que le Fermier seroit tenu de faire trouver des Employés dans les Foires Champestres, à l'effet de recevoir les Déclarations des Marchandises destinées pour être conduites dans les quatre lieuës des limites de ladite Ferme, &c.

*Du 13. Janvier 1733.*

* Arrest du Conseil, qui fixe à 4. sols par Peau les Droits d'Entrées, tant des Cinq Grosses Fermes, que des Provinces réputées étrangeres, sur les Peaux de Loup-Cervier non apprêtées, venant du Canada seulement.

*Du 20. Janvier 1733.*

Arrest du Conseil, qui évoque à iceluy les Demandes portées au Parlement de Provence par Alexandre de Larrard, fils & heritier d'autre Alexandre de Larrard, sur les Assignations données à Pierre Carlier, Adjudicataire des Fermes Generales Unies, pour raison de deux Procès mûs entre ledit Larrard & plusieurs Negocians en societé, qui prétendent que pendant le cours d'icelle, il a été vendu & livré par quelques-uns des Associez des quantités de Tabacs audit Carlier ou à ses prédecesseurs Fermiers, dont les prix n'ont pas été entierement payés; ordonne que ledit Alexandre de Larrard sera tenu de remettre dans un mois du jour de la Signification dudit Arrest sa Requête & Piéces ès mains de M. le Contrôlleur General des Finances, pour être lesdites Requête & piéces vûës au Conseil; Et fait deffenses aux Parties de faire aucunes poursuites ailleurs sur lesdites Assignations, à peine de nullité & de tous dépens, dommages & interêts.

*Du 27. Janvier 1733.*

* Declaration du Roy, *Registrée aux Parlemens de Grenoble, Bretagne & Dijon*, qui établit de nouvelles peines contre ceux qui seront arrêtés avec du faux Tabac, des Toiles peintes, & autres Marchandises de Contrebande. *Contenant* 4. *Art.*

*Du 27. Janvier 1733.*

Arrest du Conseil, qui commet le Sieur de la Briffe, Conseiller d'Estat, Intendant & Commissaire départi en la Province du Duché de Bourgogne, pour instruire & juger le Procès tant au nommé Mathieu Bernard, du lieu d'Aury près Lamur en Dauphiné, arrêté le 11. Janvier 1733. au Poste de Versoy, soupçonné d'être Contrebandier, ou de servir d'Espion aux Contrebandiers de Genéve, qu'à ses Complices, fauteurs, participes, ou adhérans du fait de Contrebande, ou autres cas qui ont occasionné sa détention; évoque & renvoye pardevant ledit Sieur de la Briffe les Procedures qui pourroient avoir été commencées pour raison de ce, en quelque Jurisdiction que ce soit, & icelles circonstances & dépendances, pour être le tout par luy jugé souverainement & en dernier ressort, en appellant avec luy le nombre de Gradués requis par l'Ordonnance.

*Des 27. Janvier & 9. Mars 1733.*

* Arrest du Conseil, & Lettres Patentes, qui ajoutent les Bureaux de Cuiseau & Longepierre à ceux de Sainte Menehoult, Saint-Dizier, Nettancourt, Faybillot, Bourbonne, Fontarlier, & Auxonne, fixés par l'Arrest & Lettres Patentes des 3. Juin,

& 4. Août 1732. pour le Passage en exemption des Droits de Peages & autres dépendans des Fermes du Roy, des Fils de Fer venans de la Manufacture du sieur de Grandvil lad, établie à Morvillard dans la Haute Alsace.

*Du 27. Janvier 1733.*

Arrest du Conseil, qui déboute les Habitans du Village de Longuenesse en Artois, de leurs demandes, & ordonne que l'Arrest du Conseil du 21. Fevrier *1690*. qui défend les Plantations de Tabac, dans l'étenduë des trois lieuës des Limites de la Ferme, sera executé dans l'étenduë dudit Village, attendu qu'il est dans l'étenduë desdites trois lieuës.

*Du 27. Janvier 1733.*

Arrest du Conseil, qui en casse un de la Cour des Aydes de Bordeaux, du 2. Juillet 1732. en ce qu'il modere à trois cens livres, une amende de mille livres, prononcée contre le nommé Arondias Coitine, ou David Sa, Juif de nation, par Sentences des Elus de ladite Ville, des 14. Aoust 1731, 7. Fevrier & 15. Mars 1732. pour avoir été trouvé du faux Tabac chez lui, & ordonne l'execution desdites Sentences.

*Du 27. Janvier 1733.*

* Arrest du Conseil, qui ordonne que les Plumes d'Autruche, appellées petit noir à pointe plate, ne payeront les Droits d'Entrée des cinq grosses Fermes, & ceux de la Doüanne de Lyon, qu'à raison de quatorze livres du cent pesant ; à la charge par les Marchands de déclarer la vraie qualité de ladite Marchandise, sous la dénomination de Plumes d'Autruche petit noir à pointe plate, & sans qu'il puisse en être fait aucun mélange avec les Plumes d'Autruche blanches, & les grandes noires, dites noir fin à pointe, à peine de confiscation, & de trois cens livres d'amende.

*Du 27. Janvier 1733.*

Arrest du Conseil, qui en casse un de la Cour des Aydes de Bordeaux, du 3. Septembre 1732. par lequel il a été fait main-levée au Sieur Bendtsen Negociant Danois, établi en ladite Ville de Bordeaux, de vingt Barriques d'Eau-de Vie sur lui saisies, & dont la confiscation a été prononcée par Sentence du Juge des Fermes de ladite Ville, du 27. May audit an 1732. pour avoir par ledit Sieur Bendtsen, fait sortir lesdites Eau-de-Vie sous le nom d'un Hollandois logeant chez lui, quoiqu'elles fussent pour le compte d'un Etranger, & ce, dans la vûë de frauder les Droits de Sortie, dont les Bourgeois de Bordeaux, les Hollandois & quelqu'autres Nations sont éxempts.

*Des 3. & 24. Fevrier 1733.*

* Arrest du Conseil & Lettres Patentes, qui ordonnent que les affirmations des Procès-Verbaux des Commis des Fermes, seront valables, pourvû que l'Acte qui les contiendra, soit signé du Juge de vant lequel elles auront été faites, de quelque main que ledit Acte soit écrit. *Registrées en la Cour des Aydes de Paris, le 26. Mars 1733. en celle de Provence, le 14. Octobre 1733. au Parlement de Metz, le 24. Octobre 1733. en la Cour des Aydes de Clermont-Ferrand, le 17. Novembre 1733. en celle de Rouen, le 27. Mars 1733. en celle de Bordeaux, le 6. Fevrier 1734. au Parlement de Navarre, le 26. Octobre 1733. au Conseil superieur de Roussillon, le 29. Octobre 1733. au Parlement de Grenoble, le 14. Decembre 1733. à la Cour des Aydes de Montpellier, le 19. Octobre 1733. au Parlement de Bretagne, le 22. Decembre 1733. en celui de Dijon, les 16. Octobre & 30. Decembre 1733. & en la Cour des Aydes de Montauban, le 26. Novembre 1733*

*Du 10. Fevrier 1733.*

Arrest du Conseil, qui déboute Pierre Carlier, Adjudicataire des Fermes Generales Unies, de sa Demande en cassation de celui de la Cour des Comptes, Aydes & Finances de Rouen, du 7. Juillet 1732. confirmatif d'une Sentence des Officiers de l'Election de Ponteau de Mer, du 21. Avril 1732. qui avoit admis une inscription de faux contre un Procès-verbal de saisie de faux Tabac trouvé chez les nommés le Cesne & Labbé, quoiqu'ils n'eussent passé ni signé leur inscription de faux au Greffe, mais seulement presenté Requeste contenant leurs moyens de faux & nomination de leurs Témoins, au bas de laquelle est l'Ordonnance des Juges, qui donne Acte des moyens y contenus.

*Du 10. Fevrier 1733.*

Arrest du Conseil, qui ordonne que le Sieur Mœlien de Tronjoly, Proprietaire d'un Emplacement appellé le Clos-Marans au Port de Morlais, sera tenu de remettre dans quinzaine à M. le Controlleur General des Finances, les Pieces & Moyens de son opposition à l'Arrest du Conseil d'Estat, du 8. Avril 1732. par l'Article 19. duquel il lui est enjoint de ceder ledit Clos-Marans à Pierre Carlier, en lui remboursant le prix de son acquisition, frais & loyaux coûts, à l'effet de construire sur ledit Terrain & Emplacement, une Manufacture de Tabac, pour lesdites pieces & moyens vûs & examinez au Conseil, être par Sa Majesté ordonné ce qu'il appartiendra.

*Du 13. Fevrier 1733.*

* Arrest du Conseil, portant que les Toiles de Laval, Marigny, Sainte Jame, Carnet, Argouges & Chollet, seront marquées de leur marque de Fabrique, & que lorsqu'elles seront envoyées à Troyes, Senlis, Beauvais & Compiegne, pour y être blanchies ou venduës en écrû, ou que les Négocians voudront les couper, soit avant ou après le blanchissage, ils seront tenus de faire marquer tous les coupons qui seront sans marque de Fabrique, d'une marque à l'huile, dont l'Empreinte sera connoître qu'elles sont Toiles de

Laval, & autres lieux desdites Fabriques, à peine d'être sujettes au Droit de sortie de dix livres par Quintal.

*Du 24. Fevrier 1733.*

* Arrest du Conseil, qui ordonne l'execution de plusieurs Sentences & Arrests rendus par les Juges des Fermes en Languedoc & Provence, par lesquelles il a été prononcé des confiscations, Amendes & peines de Galeres contre differens Patrons & Matelots Catalans, convaincus de Faux Saunage & d'introduction de Faux Tabacs & autres Marchandises de contrebande; & cependant par grace & sans tirer à consequence, leur fait main-levée de partie desdites Marchandises & Amendes.

*Du 24. Fevrier 1733.*

Arrest du Conseil, qui ordonne que les Marchands & Négocians de la Ville de Dunkerque, pourront transporter ou faire des Envois de Grains à l'Etranger, en vertu des Passeports & Permissions qui leur seront accordés par les Sieurs Commissaires départis en Flandre & en Picardie, en payant pour tous Droits de sortie quinze deniers par Raziere, du poids de cent quarante-quatre livres six onces; ordonne en outre qu'il sera fait dans le Bureau de sortie, des Declarations de la quantité & qualité des Grains que l'on voudra faire sortir par ledit Port, pour y être lesdits Droits, payés & acquittés, le tout à peine de confiscation desdits Grains & de mille livres d'Amende.

*Du 25. Fevrier 1733.*

* Arrest du Conseil, concernant les Parcs & Pescheries qui sont sur les Gréves du Ressort de l'Amirauté de Saint Brieuc, *coutenant vingt Articles.*

*Du 3. Mars 1733.*

* Arrest du Conseil, qui permet à la Compagnie des Indes

de changer la position des marques qui doivent être mises sur chaque bout des Pieces de Toiles de Cotton blanches, Mousselines & Mouchoirs, provenans des Ventes de ladite Compagnie.

*Du 5. Mars 1733.*

* Arrest du Conseil, concernant les Parcs & Pescheries qui sont sur les Gréves du Ressort de l'Amirauté de Morlaix, *contenant quinze Articles.*

*Du 8. Mars 1733.*

* Arrest du Conseil, qui permet la sortie à l'Etranger, des vieux linges, vieux drapeaux, drilles & pattes, rogneures de peaux & parchemin, & autres semblables matieres, servant à la fabrication du Papier, en payant trente livres du cent pesant.

*Du 10. Mars 1733.*

Arrest du Conseil, qui ordonne au Sieur Procureur General de la Cour des Aydes & Finances de Guyenne, d'envoyer à M. le Controlleur General des Finances les motifs d'un Arrest de ladite Cour, du 14. Janvier precedent, par lequel, en accordant l'élargissement du nommé Torres, Juif de nation, & Fraudeur de profession, sans aveu ni domicile, sur lequel il avoit été saisi trois livres de faux Tabac, Elle ne l'a condamné qu'en deux cens liv. d'amende, au lieu de mille livres, portée par les Reglemens, pour lesdits motifs vûs & examinés, être par Sa Majesté ordonné ce qu'il appartiendra, toutes choses jusqu'à ce demeurant en état, &c.

*Du 10. Mars 1733.*

Arrest du Conseil, qui ordonne au Sieur Procureur General de la Cour des Aydes & Finances de Guyenne, d'envoyer à M. le Controlleur General des Finances, les motifs d'un Arrest de ladite Cour, du 14. Janvier precedent, par lequel, en accordant l'élargissement du nommé Carilles, Juif de nation, & Porte-balle, sur lequel il avoit été saisi environ un quarteron de faux Tabac, Elle ne l'a condamné qu'en cinquante livres d'amende, au lieu de mille liv. conformément aux Reglemens, pour lesdits motifs vûs & examinés au Conseil, être ordonné ce qu'il appartiendra : toutes choses demeurant en état, &c.

*Du* 10. *Mars* 1733.

Arrest du Conseil, qui fait main-levée aux Sieurs Bonnevie fils, & Watar, son Tuteur, des Scellés apposés tant par les Sieurs Officiers de la Chambre des Comptes, que par le Sieur Fagon, Conseiller d'Estat, Intendant des Finances, en la maison où le Sieur Bonnevie pere est décedé, à la charge par lesdits Sieurs Bonnevie & Watar esdits noms, suivant leurs offres, de se charger tant des Scellés du Commissaire Glou, qui resteront en leur entier, que des meubles & effets trouvés en évidence lors de son Procès verbal, même de rendre les comptes des Fermes Generales-Unies, & de la Ferme du Tabac, sous les noms de Carlier & Desboves, dans lesquelles ledit défunt Sieur Bonnevie avoit interêt, dont du tout lesdits Sieurs Bonnevie fils & Watar audit nom feront leurs soumissions au Greffe du Conseil, & qu'après lesdites soumissions faites, il sera par ledit Sieur Fagon procedé à la reconnoissance & levée des Scellés, ceux apposés par lesdits Sieurs Officiers de la Chambre des Comptes, préalablement par eux reconnus, sinon seront verifiés par le premier Juré Expert Graveur, qui sera choisi & nommé d'Office par ledit Sieur Fagon : lequel ensuite de ladite reconnoissance ou vérification levera & ôtera les Scellés desdits Sieurs Officiers de la Chambre des Comptes : ordonne en outre, qu'après les reconnoissances ou verifications, & levée desdits Scellés, lesdits Sieurs Bonnevie fils & Watar audit nom de son Tuteur, seront tenus de faire proceder dans le tems de l'Ordonnance, à l'inventaire des biens & effets dudit défunt Sieur Bonnevie, pardevant Notaires, en présence des Parties interessées, ou opposans aux Scellés dudit Commissaire Glou, ou eux dûëment appellés.

Du

## *Du 10. Mars 1733.*

Arrest du Conseil, qui déclare celui du 29. Mars 1732. commun pour la rafinerie des Cires, établie par le Sieur Piedmont, & pour toutes celles qui pourroient être établies par la suite dans la basse Ville de Dunkerque & autres lieux de la Flandre, & ordonne que les Cires blanchies dans lesdites Rafineries, qui seront directement envoyées desdites Rafineries dans l'interieur des cinq Grosses Fermes, sans entrer & passer dans Dunkerque, ne payeront de même que celles de la Rafinerie du Sieur Mack, établie par ledit Arrest du 29. Mars 1732. aux Bureaux d'Entrées des cinq Grosses Fermes, que 3. livres du cent pesant, & les 4. sols pour livre, au lieu des 10. livres imposées par le Tarif de 1664. &c.

## *Du 14. Mars 1733.*

Arrest du Conseil, qui casse une Sentence du Juge des Fermes à Bordeaux, du 2. Mars precedent, en ce qu'elle a jugé qu'une partie de 150. Barils de Harangs sors d'Angleterre, venus par la voye d'Hollande, pour le compte des Sieurs Roquejoffre & Goudal, Negocians à Bordeaux, ne devoient les Droits d'Entrée qu'à raison de sept livres dix sols trois deniers par leth, comme Harangs de la pesche de Hollande. Declare la saisie faite desdits Harangs, bonne & valable, condamne lesdits Sieurs Roquejoffre, & Goudal en trois mille livres d'amende, & aux dépens, & par grace les décharge de ladite confiscation & amende, en payant les Droits desdits Harangs, à raison de quatre-vingt livres du leth, conformément à l'Arrest du 6. Septembre 1701.

## *Du 17. Mars 1733.*

Arrest du Conseil, qui permet aux Inspecteurs des Manufactures des Toiles & des Draps, établies à Roüen, de se transporter, quand bon leur semblera, dans les Maisons,

Boutiques, & Magasins des Marchands Merciers de ladite Ville & Fauxbourgs de Roüen, & autres faisant commerce de Siamoises, & de Toilles rayées & à carreaux, soit en gros ou en détail, pour y examiner les Siamoises & Toiles, & y saisir celles qui se trouveront fabriquées en contravention aux dispositions du Reglement du 20. Mars 1731. sans qu'ils soient tenus, pour cela, de se faire accompagner d'aucun Garde de ladite Communauté des Marchands Merciers, desquelles visites & saisies lesdits Inspecteurs seront tenus de dresser leurs Procès verbaux, pour sur iceux être statué ainsi qu'il appartiendra.

*Du* 17. *Mars* 1733.

Arrest du Conseil, qui commet M. de la Neuville, Intendant & Commissaire départi dans le Comté de Bourgogne, pour informer des faits, dont le Sieur Lardillon, Receveur des Traites à Morteau, est accusé, instruire & juger le Procès audit Lardillon, & aux auteurs, complices, fauteurs, participes ou adherans, des concussions & prévarications faites dans les fonctions de son emploi.

*Du* 17. *Mars* 1733.

Arrest du Conseil, qui commet M. Trudaine, Intendant en Auvergne, pour instruire & juger le Procès souverainement & en dernier ressort, aux Contrebandiers armés, & à leurs complices, fauteurs, participes ou adherans, tant pour raison de la fraude de Tabac, qu'ils faisoient, que pour raison de l'assassinat par eux commis, en la personne du nommé Roche, Employé dans la Brigade des Fermes de Blesle, Departement du haut Auvergne, &c.

*Du* 17. *Mars* 1733.

Arrêt du Conseil, qui ordonne au Sieur Procureur Géneral en la Cour des Aydes de Montauban, d'envoyer à M. le Controlleur Général des Finances, les motifs d'un Arrêt de ladite Cour du 4. du même mois, par lequel un Procès verbal de saisie faite sur le nommé Jean Requet de Tours en Catalogne, de dix ballots de Marchandises, deux Chevaux, trois Mulets & une bête Asine, ensemble la Sentence du Juge des Traites de Saint Girons qui en avoit prononcé la confiscation, faute de déclaration & payement des Droits de sortie, ont été annullez, sous prétexte que le Procès verbal de saisie avoit été affirmé devant un Subdélégué de l'Intendance, & non devant un Juge des Fermes, pour lesdits motifs vûs & examinés au Conseil être ordonné ce qu'il appartiendra toutes choses jusqu'à ce demeurant en état.

*Du 17. Mars 1733.*

* Arrêt du Conseil, qui ordone que pendant dix années, à commencer du premier Janvier 1734. les Moruës tant vertes que seches, & les huiles qui proviendront de la Pesche des Sujets de Sa Majesté à l'Isle Royale appellée cy-devant l'Isle du Cap-Breton, demeureront déchargées dans tous les Ports du Royaume, tant de l'Ocean que de la Méditerranée & à Ingrande, de tous les Droits d'Entrée des Cinq Grosses Fermes & Droits locaux.

*Du 17. Mars 1733.*

* Arrêt du Conseil portant Reglement sur les Marchandises en Pacotilles que les Capitaines, Subrecargues & Passagers portent en Levant, tant pour leur compte, que pour celui des Chargeurs à leur adresse, *contenant six Articles.*

*Du 24. Mars 1733.*

* Arrêt du Conseil concernant les Parcs & Pescheries qui sont sur les Gréves, du ressort de l'Amirauté de Brest, *contenant quatorze Articles.*

*Du 28. Mars 1733.*

* Arrêt du Conseil, qui ordonne que les Couvertures de Laine qui se fabriquent à Montpellier, joüiront à la sortie du Royaume, de la même moderation de Droits que celle portée par l'Artêt du 14. Novembre 1716. en faveur des petites Etoffes de Laine qui se fabriquent dans la Province de Languedoc.

*Du 31. Mars 1733.*

* Arrêt du Conseil, qui proroge pendant une année seulement, la permission accordée aux Négocians des Ports & Villes maritimes du Royaume, d'envoyer leurs Vaisseaux directement en Irlande, pour y acheter des Bœufs salés, & les transporter ensuite aux Isles & Colonies Françoises de l'Amérique, en faisant par eux les soumissions requises.

*Du 31. Mars 1733.*

Arrêt du Conseil, qui ordonne que le sieur Frion de la Tour, Substitut du Procureur du Roy en l'Election de Peronne, demeurera interdit des fonctions de sa Charge, pour avoir tenu une conduite irréguliere dans ses fonctions.

*Du 31. Mars 1733.*

Arrêt du Conseil, qui ordonne que par l'Adjudicataire des Fermes Générales Unies, il sera payé annuellement, & sans aucune retenuë du Dixiéme au sieur Basset, Receveur des Fermes au Bureau de la Rochelle, la somme de deux cens livres à commencer du premier Octobre 1729. & ce par forme de gratification, à cause du soin dont ledit Receveur est chargé d'envoyer exactement au Conseil des copies signées de lui des déclarations des Marchandises qui entrent dans le Royaume, & qui en sortent par le Port de la Rochelle, &c.

*Du* 31. *Mars* 1733.

Arrest du Conseil, qui permet au Sieur Delaunay-Montaudoüin, Negociant à Nantes, de faire faire dans le Port du Havre, le Déchargement du Navire *les deux Amis*, venant de Saint Domingue, quoiqu'il eût fait sa Soumission au Greffe de l'Amirauté de Nantes, d'y faire son retour en conformité de l'Artice 2. des Lettres Patentes du mois d'Avril 1717.

*Du* 31. *Mars* 1733.

Arrest du Conseil, qui commet le Sieur Colleau, Lieutenant Criminel au Baillage & Siége Présidial de Melun, pour instruire & juger définitivement & en dernier ressort toutes les Affaires criminelles qui surviendront dans l'étenduë des Provinces de Dauphiné, Lyonnois, Bourgogne, Provence, Languedoc, & Auvergne, pour raison de l'introduction à port d'armes, & débit des Marchandises prohibées & du Tabac, ensemble les Procès qui doivent être faits tant aux Auteurs & Complices des violences commises contre les Commis des Fermes, qu'aux Fauteurs desdites Contrebandes, circonstances & dépendances, évoque & renvoye pardevant ledit sieur Colleau toutes les Procedures qui pourroient avoir été ci-devant commencées pour raison de ce, en quelque Jurisdiction desdites Provinces que ce soit, pour être le tout par lui jugé souverainement & en dernier ressort, avec le nombre de Gradués requis par l'Ordonnance, lui attribuant à cet effet toute Cour, Jurisdiction & connoissance, icelle interdisant àtoutes ses Cours & autres Juges; lui permet de rendre seul, & sans appeller le nombre de Gradués requis, tous les Jugemens d'instruction qu'il conviendra, même ordonner les Recollemens & Confrontations suivant l'exigence des cas, lesquels Jugemens seront executés en dernier ressort & sans appel; lui permet en outre de subdeleguer pour l'instruction & pour rendre le Jugement à l'extraordinaire, & de commettre pour faire les fonctions de Procureur du Roy en ladite Commission tels Officiers ou Gradués qu'il voudra choiſir, & ordonne que les Charges, Informations, & toutes les autres Procedures qui peuvent avoir été commencées contre leſdits Fraudeurs & Contrebandiers en quelque Juriſdiction que ce ſoit, feront inceſſamment remiſes au Greffe de ladite Commiſſion, à ce faire tous Greffiers & Dépoſitaires contraints, quoi faiſant déchargés.

*Du 14. Avril 1733.*

* Arreſt du Conſeil, qui révoque ceux des 14. Octobre 1732. & 4. Janvier ſuivant, portant Exemption pendant un an, des Droits ſur les Grains, Farines & Légumes qui feroient tranſportez des Provinces du Royaume dans celles de Dauphiné, & du Lyonnois; ordonne que l'Arreſt du 8. Juillet 1732. qui exempte des Droits dûs au Roy, ou à ſes Fermiers, & des Droits de Péages, les Grains qui feront tranſportés des Provinces du Royaume dans celle de Provence, pendant un an, à compter du 11. Septembre, & celui du 23. Septembre 1732. qui proroge pour un an, à compter du 15. Octobre, ſuivant l'Exemption des Droits ſur les Grains & Légumes qui feront tranſportés des Provinces des Cinq Groſſes Fermes, dans les Provinces réputées étrangeres, & des Provinces réputées étrangeres, dans celles des Cinq Groſſes Fermes feront executés ſelon leur forme & teneur.

*Du 20. Avril 1733.*

* Ordonnance de M. de Harlay de Cely, Intendant de la Generalité de Paris, qui fixe à trois quarts d'aune & trois pouces, meſure de Paris, la largeur des Rots qui doivent ſervir à la fabrication des Linons larges dans les Provinces de Picardie, d'Artois, du Haynault, de la Flandre Françoiſe, du Cambreſis, & dans les Generalités de Paris, & de Soiſſons: Comme auſſi que les Rots ſervant à la fabriation des Claires deux tiers, feront à l'avenir de deux tiers d'aune & deux pouces de largeur auſſi meſure de Paris.

*Du 21. Avril 1733.*

Arrest du Conseil, qui accorde aux Habitans des Ports de Biny & de Pontrieux dépendans de la Province de Bretagne, la même Permission portée par l'Arrest du 28. Octobre 1732. de faire transporter, ou faire des Envois de Grains à l'Etranger.

*Du Avril 1733.*

* Lettre circulaire & instructive de Messieurs les Fermiers Generaux du Bail de Desboves, aux Receveurs de la Ferme du Tabac, qui prescrit les Operations necessaires pour établir l'uniformité dans tous les Comptes concernant cette Ferme.

*Du 5. May 1733.*

* Arrest du Conseil, qui maintient les Manans & Habitans de Passavant, Coste de Voge & Vaugecourt & dépendances, dans les Privileges & Exemptions à eux accordés par les Lettres Patentes des 13. Avril 1562, 11. Août & 8. Septembre 1578. Mars 1603, 10. Fevrier 1609. Avril 1618. Juillet 1661. & May 1718. à la charge de n'en point abuser, sous peine de privation; en consequence, ordonne que lesdits Habitans demeureront déchargés de tous Droits d'Entrée & de Sortie sur toutes les Marchandises & Denrées qui entreront chez eux, ou qui en sortiront; & supprime le Bureau établi à Passavant.

*Du 9. May 1733.*

* Arrest du Conseil, qui fait Deffenses à tous Armateurs & Negocians, faisant le Commerce des Isles & Colonies Franses de l'Amerique, d'y envoyer des Etoffes & Toiles peintes des Indes, de Perse, de la Chine, ou du Levant, sous quelque dénomination que ce soit, à peine de confiscation & de trois mille livres d'amende, & d'être exclus à l'avenir, de pouvoir faire ledit Commerce, & à tous Capitaines, Maîtres-Pilotes, Officiers Mariniers, Matelots, Passagers, & autres

qui composent l'Equipage des Vaisseaux destinés pour lesdites Isles & Colonies, d'y porter en Pacotille ou autrement, aucunes desdites Etoffes & Toiles peintes; Et ordonne que les Lettres Patentes des mois d'Avril 1717. Fevrier 1719. & Octobre 1721. seront executées selon leur forme & teneur.

*Du* 12. *May* 1733.

Arrest du Conseil, qui ordonne, que par le sieur Boucher Intendant & Commissaire départi en la Généralité de Bordeaux, il sera procedé à l'Adjudication, au rabais, en la maniere accoutumée, des ouvrages à faire pour la construction d'un Hôtel des Fermes sur le port de la Ville de Bordeaux, suivant, & conformement aux Plans & Devis estimatifs, qui en ont été dressez par le sieur Gabriel, les 22. Mars 15. & 16. Avril 1733. du prix desquels ouvrages les Entrepreneurs seront payez sur les Ordonnances dudit sieur Boucher au fur & à mesure, ou après la réception desdits Ouvrages, sur le produit des deniers provenans de l'augmentation de trois sols pour livre, sur les droits des Fermes dans le département de Bordeaux, dont la levée a été cy-devant ordonnée au profit de ladite Ville; lesquelles sommes seront passées & alloüées sans difficulté au Trésorier ou Receveur, dans la dépense de leurs comptes, en rapportant par eux l'expedition ou copie collationnée dudit Arrest, les plans & devis estimatifs, les Procès Verbaux d'Adjudication & de Reception desdits Ouvrages, les Ordonnances dudit sieur Boucher, & les Quittances des Entrepreneurs sur ce suffisantes.

*Du* 12. *May* 1733.

* Arrest du Conseil, qui casse deux Sentences des Officiers de l'Amirauté de Morlaix des 5. & 31. Juillet 1732. & tout ce qui s'en est ensuivi, ordonne que l'Arrest du Conseil du 3. Mars 1722. portant reglement pour le commerce des plombs d'Allemagne & du Nord, sera executé selon sa forme & teneur, & que conformement à l'article 3. dudit Arrest, les quarante-cinq Saumons de plomb, pesant ensemble cinq mille huit cens soixante-dix-sept

livre

livres saisis sur Yves Secré négociant à Morlaix, faute par lui d'avoir justifié, par des Certificats en bonne forme, comme lesdits plombs étoient venus d'Allemagne ou du Nord, demeureront confisquez au profit de Me. Pierre Carlier, Adjucataire des Fermes Générales unies, au payement de la valeur desquels & de l'Amende de trois mille livres à laquelle il a été condamné, il sera contraint par toutes voyes, même par corps.

*Du* 12. *May* 1733.

Arrest du Conseil, qui ordonne, que jusqu'au premier Janvier 1757. que doit durer le Privilege accordé au sieur de Blumertin par Arrest du Conseil, & Lettres Patentes des 9. Janvier 1717. 19. Juillet 1723. & 8. Avril 1727. d'exploiter une mine de plomb ou verny, à S. Julien-Molin-Molette, en Forest, lui, ses hoirs, ou ayant causes, joüiront de l'exemption de taille dans les Provinces de Forest & d'auvergne, & du Droit de la Beluë des Artisans, dans la Ville de Vienne en Dauphiné: Fait défenses aux Consuls de ladite Ville de les y imposer pendant ledit tems, & aux Habitans des Parroisses desdites Provinces de Forest & d'Auvergne, où il lui a été permis d'établir des atteliers pour raison de son exploitation, de les imposer, ny troubler dans ladite exemption, à peine de demeurer responsables en leurs propres & privés noms, des sommes pour lesquelles ils les auroient compris dans leurs rolles, & de tous dépens, dommages, & interests.

*Du* 12. *May* 1733.

Arrest du Conseil, qui renvoye en icelui à la grande Direction, une Instance entre Mr. le Duc d'Aiguillon Engagiste des Domaines d'Agenois & de Condomois, les Fermiers Generaux des Fermes unies, & le sieur Inspecteur General des Domaines sur la question, sçavoir, si Mr. le Duc d'Aiguillon doit joüir des exemptions des Droits de Convoi & Comptablie de Bordeaux, ensemble des Droits de Péages & autres, sur treize Salines, ou grands Batteaux chargez de Sel, qu'il a la faculté de faire entrer dans l'Agenois, pour être sur le tout, au rapport du sieur Maboul Maitre des Requestes, fait Droit aux Parties.

*Du* 19. *May* 1733.

Arrest du Conseil, qui ordonne que le sieur Loüis-Alexandre de Barillon, chargé de la Recette Generale du Droit d'un pour cent, ordonné par la Déclaration du 10. Novembre 1727. être levé sur les Marchandises venans des Isles & Colonies Françoises, remettra au Trésor Royal en exercice, la somme de quarante six mille trois cent cinq liv. pour être employée ainsi qu'il sera ordonné; du montant de laquelle somme, ledit Garde du Trésor Royal expediera sa Quittance audit sieur de Barillon, auquel ladite somme sera passée dans le compte qu'il rendra de sa gestion.

*Du* 19. *May* 1733.

Arrest du Conseil, qui permet au sieur Germain Goynard, Négociant à St. Malo, de faire faire dans le port du Havre, ou dans celui de la Rochelle, le déchargement du Navire le Pierre Germain, venant de Leogane: nonobstant la soumission par lui faite au Greffe de l'Amirauté de St. Malo, d'y faire son retour en conformité de l'article 2. des Lettres Patentes du mois d'Avril 1717. concernant le commerce des Isles.

*Du 19. May 1733.*

Arrest du Conseil, qui ordonne l'acquisition pour le compte du Roy, d'un Terrain nécessaire à la construction d'une Maison, pour servir de Bureau, & loger les Employez établis à Fitou, & qu'il sera procedé à l'Adjudication, au rabais, des ouvrages à faire pour ladite construction, du montant du prix de laquelle acquisition, ainsi que de celui de l'Adjudication desdits Ouvrages, les Propriétaires & Entrepreneurs seront payez par Pierre Carlier, Adjudicataire des Fermes Generales, auquel il en sera tenu compte sur le prix de son Bail.

*Du 19. May 1733.*

Arrest du Conseil, qui évoque & renvoye pardevant M. l'Intendant de Lyon, l'Appel interjeté par Nicolas Desboves, Adjudicataire des Fermes Generales unies, d'une Sentence renduë par les Officiers de la Jurisdiction des Traittes de Lyon, le 5. Mars 1733. & tout ce qui s'en est ensuivi, ensemble toutes les contestations survenuës depuis le premier Janvier précedent, entre ledit Desboves, & les Négocians de Lyon, à l'occasion de l'Exécution du Reglement du 15. Decembre 1732. concernant la Police de l'interieur de la Doüanne, circonstances & dépendances, pour être par ledit sieur Intendant, dressé Procès Verbal des diverses réquisitions & prétentions des Parties, & icelui vû & rapporté avec son avis, être ordonné ce qu'il appartiendra; Ordonne par provision, que les Négocians de laditte Ville, seront tenus de payer à l'Ordinaire, les Droits des Marchandises qu'ils retireront de la Doüanne, conformement au tarif de ladite Doüanne, & aux Reglemens depuis intervenus, comme aussi de faire transporter lesdites Marchandises dans leurs Maisons & Magazins par les Crocheteurs de ladite Doüanne, à l'exclusion de tous autres, après en avoir préalablement signé leurs décharges à la marge des Registres qui en seront chargés; & en cas de contestation de la part desdits Négocians sur le payement des Salaires desdits Crocheteurs, elles seront jugées sommairement par ledit sieur Pouletier, deffend à tous Crocheteurs ou Porte-faix, établis sur les autres places, & Ports de ladite Ville, d'entreprendre sur les fonctions de ceux des Bureaux des Fermes, ni de les y troubler sous quelque prétexte que ce soit, sous les peines portées par l'Ordonnance du 23. Mars 1719. & autres Reglemens de Police de ladite Ville de Lyon, & enjoint au Greffier de la Jurisdiction des Traites de Lyon, de rémettre au Greffe dudit sieur Intendant, toutes les Procédures, Sentences, Requêtes, Ordonnances, & autres piéces, concernant les contestations survenuës depuis ledit jour premier Janvier 1733. circonstances & dépendances, à ce faire ledit Greffier, contraint, quoi faisant, déchargé.

*Du 19. May 1733.*

* Arrest du Conseil, portant défenses aux Gentilshommes Verriers, Tiseurs, Ouvriers, Serviteurs, Domestiques, & tous autres Employez en la Manufacture Royale de la Verrerie de Sevres, de quitter leur service, & de s'éloigner de plus d'une lieüe, sans un Congé par écrit de l'Inspecteur pour le Roy en ladite Manufacture, sous peine d'Amende & de Punition corporelle; Fait pareillement défenses, sous les mêmes peines, & de Prison, à toutes personnes, de débaucher lesdits Gentilshommes, Ouvriers, Serviteurs, & Domestiques, & à tous Maîtres de Verrerie, de recevoir lesdits Gentilshommes & Ouvriers, à peine de trois mille livres d'Amende solidaire.

*Du 26. May 1733.*

Arrest du Conseil, qui commet le sieur de Beaupré, Intendant de Champagne, pour faire le Procès aux auteurs & Complices du meurtre commis le 14. May 1733. près le Village de Larzilliere, en la personne du sieur Du Coudray, Capitaine au Regiment de Nice, par plusieurs Employez des Fermes, &c.

*Du 27. May 1733.*

* Ordonnance du Roy, qui ordonne que les Consuls, & Vice-Consuls des Echelles de Negrepont, la Cavalle, Rhodes, Metelin, Scio, Mile, Tine, & Miconi, qui n'ont point d'appointemens payés par la Chambre du commerce de Marseille, percevront à l'avenir, deux pour cent seulement, sur le prix des Nolissemens que les Capitaines & Patrons des Bâtimens François feront dans leurs Echelles; & défend ausdits Consuls, & Vice-Consuls, d'exiger ledit Droit sur un plus haut pied, & ausdits Capitaines & Patrons, d'en frustrer lesdits Consuls & Vice-Consuls, &c.

*Du 2. Juin 1733.*

Arrest du Conseil, & Lettres Patentes, qui agréent & ratifient l'acquisition faite par les Cautions de Pierre Carlier & Nicolas Desboves, successivement Adjudicataires de la Ferme Generale du Tabac, d'un terrain propre pour construire une Manufacture de Tabac en la Ville de Tonniens, de la Dame Marie Dufieux, veuve de Jean de Maur de Mosnier, Baron de Seches vivant, Conseiller au Parlement de Bordeaux, aux clauses, conventions, & suivant les prix & marchés portés au contrat de vente, passé entr'elle & lesdites Cautions, le 28. Octobre 1730. ordonne, que pour assurer l'acquisition faite dudit terrain, & le purger de toutes dettes & hypoteques, il sera à la diligence du Sieur Procureur General au Parlement de Guyenne, procedé à toutes les formalités prescrites par l'Edit du mois de Juillet 1693. & qu'il sera dressé un devis & plan des Ouvrages à faire pour la construction d'une Manufacture proportionnée à l'objet du fournissement des Province & Bureaux qui s'y aprovisionnent, sur lesquels devis & plan, il sera, en présence du Sieur Intendant & Commissaire départi en la Généralité de Bordeaux, procedé à l'adjudication desdits Ouvrages, dont la dépense sera payée par les Cautions de Nicolas Desboves, sur les Ordonnances dudit Sieur Commisfaire, & en rapportant par ledit Desboves le contrat d'acquisition, le Procès verbal d'adjudication desdits Ouvrages ensemble les Ordonnances dudit Sieur Commissaire, les quittances des Ouvriers, & le Procès verbal de reception desdits Ouvrages, le tout en bonne forme, & en la maniere accoûtumée, toutes les sommes qu'il aura payées, tant pour l'acquisition du Terrain, que pour l'entiere & parfaite construction des Bâtimens, lui seront remboursées par le Fermier qui lui succedera à ladite Ferme du Tabac, & ainsi de Bail en Bail.

*Du 2. Juin 1733.*

Arrest du Conseil, & Lettres Patentes qui agréent & ratifient l'acquisition faite par les Cautions de Pierre Carlier & Nicolas Desboves, successivement Adjudicataires de la Ferme generale du Tabac, d'un terrain propre pour construire une Manufacture de Tabac à Dieppe, de la Dame Elisabeth Allart, veuve de Martin Hatteveille Allart, aux clauses, conventions, & suivant les prix & rentes perpetuelles & viageres portées au contrat de vente, passé entr'elle & lesdites Cautions, le 29. Janvier 1732. ordonnent, que pour assurer l'acquisition d'une Maison, & Place dite nouvelle Sucrerie, & la purger de toutes dettes & hypoteques, il sera à la diligence du Sieur Procureur General au Parlement de Roüen, procedé à toutes les formalités prescrites par l'Edit du mois de Juillet 1693. & qu'il sera dressé un devis & plan des Ouvrages à faire pour la construction d'une Manufacture proportionnée à l'objet du fournissement des Provinces & Bureaux qui s'y aprovisionnent, sur lesquels devis & plan il sera procedé à l'adjudication desdits Ouvrages au rabais, en présence du Sieur Commissaire départi en la Généralité de Rouen, dont la dépense sera payée par les Cautions desdits Nicolas Desboves, sur les Ordonnances dudit Sieur Commissaire, en rapportant par ledit Desboves le contrat d'acquisition, la quittance de remboursement des sommes payées par Pierre Carlier, sur le prix de l'acquisition, & des rentes dûës, tant à ladite veuve Allart, qu'aux autres Particuliers, dénommés dans ledit contrat de vente, le Procès-Verbal d'adjudication des ouvrages de construction, les Ordonnances dudit Sieur Commissaire déparry, les quittances des Ouvriers, & le Procès-verbal de reception desdits ouvrages, le tout en bonne & dûë forme, toutes lesdites sommes seront remboursées audit Desboves, par le Fermier du Tabac qui lui succedera, & ainsi successivement de Bail en Bail; & à l'égard des rentes perpetuelles & viageres, elles seront acquitées par les Fermiers de ladite Ferme du Tabac, chacun pendant le tems de leur exploitation.

*Du 2. Juin* 1733.

Arrest du Conseil de son Altesse Royale Monsieur le Duc de Lorraine, portant, que les Habitans & Communautés de Thilliere, Montureuse, Valleroy & Gresille, dépendans de la Province de Champagne, qui ont des terres enclavées dans ses Etats, & dans le Barrois, joüiront des exemptions portées par l'Edit d'Henry III. du mois de Janvier 1576. ce faisant, que pour tous les fruits qui seront crûs & provenus és Terres appartenantes ausdits Habitans, situées au-dedans des Pays de France, Bestiaux qu'ils auront en icelles, & laines d'iceux, ensemble ce qui proviendra de leur industrie & Manufactures, & généralement toutes denrées qui proviendront de leurs Terres, artifices & ouvrages, étant transportées de chez eux en France par la Lorraine & le Barrois, seront francs & exempts de toutes impositions de Traites Foraines, & hauts Conduits, encore qu'ils passent par les détroits & Enclaves desdit Etats, en rapportant par eux aux Commis des Bureaux des Fermes de Son Altesse Royale, ainsi qu'il a été toujours observé, un certificat des Officiers des lieux, où lesdites provisions, denrées & marchandises seront cruës, pour leur servir d'acquit; que pour le Concru, les Habitans desdits Villages; Proprietaires des Terres labourables, situées dans les Etats de Lorraine & Barrois, pourront, comme par le passé, librement enlever & transporter chez eux, leurs bleds & grains, en gerbes, provenans des Terres particulieres par eux labourées à leurs charuës, & ensemencées, & qu'ils tiendront en leurs mains, pourvû neanmoins que lesdites Terres soient dans les Finages adjacens, & proche de la France, ou qu'elles n'en soient pas éloignées de plus d'une lieuë, sans que pour raison desdits grains qui n'auront point été battus ni engrangés en Lorraine, ils soient tenus de payer aucun Droit de Foraine & haut conduit : ce qui aura pareillement lieu comme ci-devant pour le transport des grains en gerbes, raisins en grappe, Cuves & Baignoirs à eux appartenans, situés dans les Etats de Lorraine & Barrois, de même que pour les foins en meulles, & autres fruits qu'ils feront charger & passer de bout, & sans séjourner en Lorraine & Barrois : ordonne, que pour les grains qui auront été battus & engrangés, le vin qui aura été fait, le foin qui aura été bottelé, & pour tous les fruits des Fermes, Seigneuries & Merairies, appartenans ausdits Habitans, les Droits de Traites Foraines en seront payés, & décharge de tous Droits de Traites Foraines & haut conduit, les menuës denrées propres & commodes pour la vie, que lesdits Habitans pourront prendre sur les Marchés de Lorraine & Barrois, ou qu'ils pourront porter sur lesdits Marchés, à bras ou à col.

*Du 9. Juin* 1733.

Arrest du Conseil, qui ordonne au Sieur Procureur General de la Cour des Aydes, & Finances de Guyenne, d'envoyer à M. le Controlleur General des Finances, les motifs d'un Arrest de ladite Cour, du 31. Janvier 1732, par lequel il a été fait main-levée de la confiscation de quatre Andoüilles de Tabac, saisies dans le Vaisseau du Sieur André Berry, venant de la Martinique, & de l'amende contre lui prononcée par Sentence des Elûs de ladite Ville, du 16. Decembre precedent, pour lesdits motifs vûs & rapportés au Conseil, être par Sa Majesté fait droit ainsi qu'il appartiendra, toutes choses jusqu'à ce demeurant en état.

*Du 20. Juin 1733.*

* Arreſt du Conſeil, qui ordonne que le 14. Juillet 1733. il ſera procedé par les Actionnaires de l'ancienne Compagnie des Indes Orientales, établie en 1664. en preſence de M. le Lieutenant General de Police, à la nomination des Syndics, à l'effet de ſoutenir les demandes formées par leſdits Actionnaires, & de défendre à celles des Directeurs de la nouvelle Compagnie d'Occident, établie en 1717.

*Du 30. Juin 1733.*

* Arreſt du Conſeil, qui ordonne que les Entrepreneurs de Manufactures & les Maîtres Fabriquans de Draps & autres Etoffes de laine, ou mêlées de laine, ſoye, poil, fil, coton, & autres matieres, ſeront tenus à l'avenir de mettre au chef & à la queuë de chaque Piéce deſdites Etoffes, leur nom & ſurnom, & le nom du lieu de leur demeure, en la maniere preſcrite par ledit Arreſt, & que leſdites Etoffes ſeront marquées aux deux bouts de chaque Piéce, tant du plomb de Fabrique, que de celui de controlle, *Contenant treize Articles.*

*Du 30. Juin 1733.*

* Arreſt du Conſeil, qui ordonne que ceux des 2. Août & 23. Septembre 1732. portant prorogation de l'exemption des Droits ſur les Beſtiaux & ſur les Grains, ſeront executés, ſans neanmoins, qu'en vertu d'iceux il puiſſe être prétendu aucune exemption des Droits dûs aux Sous-Fermes des Domaines, dont la Regie ſe fait par les Sous-Fermiers, leſquels ſeront perçûs conformement aux Pancartes, Tarifs & autres Titres & poſſeſſion, ainſi qu'ils ont été payés d'ancienneté.

*Du 7. Juillet 1733.*

Arreſt du Conſeil, qui commet le Sieur Intendant & Commiſſaire départi dans la Province de Bretagne, pour inſtruire & juger le Procès à vingt-trois Particuliers venans de l'Iſle de Grenezey, & arrêtés en mer par les Employés de la Patache des Fermes, établie à Treguier, le 23. Juin precedent ſans Brieux, Paſſeports, ni Rolle d'Equipage: évoque & renvoye pardevant ledit Sieur Commiſſaire départi toutes les Procedures qui pourroient avoir été commencées en quelque Juriſdiction que ce ſoit, pour raiſon de la rebellion faite aux Employés par leſdits Particuliers, pour être le tout par lui jugé ſouverainement & en dernier reſſort.

*Du 7. Juillet 1733.*

* Lettres Patentes du Roy, qui ordonnent l'execution du Reglement & de l'Inſtruction, arrêtée au Conſeil de Commerce, le 3. Mars precedent, pour la teinture & le déboüilli des laines deſtinées à la Fabrique des Tapiſſeries, ledit Reglement contenant 18. Articles, & l'Inſtruction 28. *regiſtrées en Parlement le 7. Septembre* 1733.

*Du 11. Juillet 1733.*

* Arreſt du Conſeil, qui ordonne que les Fabriquans, tant des Toiles ouvrées, deſtinées à faire des Nappes & des Serviettes, qui ſe fabriquent dans la Generalité de Caën, que des Toiles appellées Crétonnes qui ſe font dans la Ville de Liſieux & aux environs, feront tenus de mettre à la tête & à la queuë de chaque piéce deſdites Toiles, leur nom, leur ſurnom, & le nom du lieu de leur demeure, avec une empreinte faite avec de l'huile & du noir de fumée, & d'appliquer à côté de ladite Marque, de même avec de l'huile & du noir de fumée le numero du compte de Fils, dans lequel chaune deſdites piéces de Toiles ſera fabriquée: Comme auſſi de laiſſer à l'un des bouts de chaque piéce, un Pêne

de la chaîne, ſans être tramé, d'un ſeiziéme d'aune de longueur, dont les Fils ſeront noüés par portées; le tout à peine de confiſcation des Toiles qui n'auront pas à la tête & à la queuë de chaque piéce, les noms & ſurnoms du Fabriquant, & le nom du lieu de Fabrique, & le Pêne ordonné ci-deſſus, où auſquelles il ſe trouvera un moindre nombre de Fils que celuy qui aura été marqué à la tête & à la queuë de chaque piéce, & de cinquante livres d'amende par chaque piéce, & pour chaque contravention.

*Du* 14. *Juillet* 1733.

Arreſt du Conſeil, qui liquide à la ſomme de trois cent trente-cinq mille ſix cent cinquante-une livres dix-huit ſols ſix deniers le rembourſement dû à Pierre Carlier, Adjudicataire des Fermes Generales-Unies pour le montant des Droits dûs ſur les Marchandiſes, Hardes, Bagages, Equipages, & Munitions pour les Vivres de Terre & de la Marine, Artillerie, l'Habillement des Troupes, pour les Ambaſſadeurs, & autres Effets mentionnés aux Paſſeports qui ont été expediés par les Ordres de Sa Majeſté, pendant la ſixiéme & derniere année du Bail dudit Carlier, commencée le premier Octobre 1731. & finie le dernier Septembre 1732. pour le montant de laquelle ſomme de trois cens trente-cinq mille ſix cens cinquante-une livres dix-huit ſols ſix deniers, ordonne qu'il ſera expedié au profit dudit Carlier une Ordonnance de Comptant ſur le Garde du Tréſor Royal en Exercice, laquelle lui ſera payée en une Quittance comptable, ſur & en déduction du prix de ſon Bail.

*Du* 14. *Juillet* 1733.

Arreſt du Conſeil, qui permet au Sr François Fleury, Capitaine du Navire *le Fort*, du port de 400. tonneaux, appartenant au Sr Wailsh, Negociant à Morlaix, de venir faire dans le Port de Bordeaux, ou dans celui du Havre le Déchargement des Marchandiſes qu'il aura frettées à Saint Domingue dans ledit Navire, nonobſtant les diſpoſitions portées par les Lettres Patentes des mois d'Avril 1717. Fevrier 1719. &

Octobre 1721. & Arrest du Conseil du 27. Janvier 1726. qui assujettissent les Maîtres des Bâtimens à faire leur Retour dans les Ports d'où ils sont partis.

*Du 21. Juillet 1733.*

* Arrest du Conseil, qui fixe les Droits d'Entrée sur les Toiles de Coton, Mousselines unies ou brodées, Mouchoirs, Basins, & autres Marchandises semblables, provenant des Ventes de la Compagnie des Indes, & qui seront destinées pour l'étenduë des Cinq Grosses Fermes, à quarante livres du cent pesant brut, poids de marc, au lieu des Droits portés par le Tarif de 1664. Et à l'égard de celles qui seront destinées pour Paris, elles payeront en outre à leur arrivée quatre liv. du cent pesant brut, pour le Droit de Contrôlle qui se perçoit à raison de deux sols huit deniers par piéce, & les quatre sols pour livre dudit Droit de Contrôlle: Et pour les Marchandises ci-dessus specifiées qui seront destinées pour la Ville de Lyon, les Droits en seront payés à raison de dix huit livres du cent pesant brut, poids de marc, y compris aussi l'emballage; sçavoir, dix livres dans les Bureaux des Lieux où les Ventes seront faites, & huit livres à Lyon, pour tenir lieu des Droits de la Doüanne de ladite Ville; *Contenant 6. art.*

*Du 21 Juillet 1733.*

* Arrest du Conseil, qui casse deux Sentences renduës par les Officiers de l'Election de Belay le 10. Fevrier 1733. en faveur des nommés Paul Compare, Cavalier dans le Regiment des Cravattes, Compagnie de Varas; & de Villieux, Habitant du Village d'Ambronay : Confisque 19. Plantes de Tabac trouvées dans le Jardin joignant la maison dudit de Villieux, & 37. livres de Tabac saisi sur ledit Paul Compare; & la Bourique sur laquelle étoient chargés lesdites 37. livres de Tabac; décharge ledit Desboves de la condamnation de dépens contre lui prononcée au profit dudit de Villieux par lesdites Sentences.

*Du 21. Juillet 1733.*

Arrest du Conseil, qui autorise le Sieur Colleau Lieutenant Criminel au Bailliage & Siége Présidial de Melun, à commettre tel Officier ou Gradué qu'il voudra choisir pour rendre seul les Jugemens préparatoires d'instruction contre les Contrebandiers, jusqu'au Jugement définitif exclusivement.

*Du 21. Juillet 1733.*

Arrest du Conseil, qui y évoque l'Instance pendante tant pardevant le Juge des Fermes à Agde, qu'en la Cour des Aydes de Montpellier, entre Nicolas Desboves, Adjudicataire des Fermes Generales, & les Negocians d'Agde & Cette, qui prétendent n'être point assujettis à faire conduire aux Bureaux des Fermes les Marchandises qui leur arrivent par Mer à l'effet d'être visitées & acquittées. Ordonne que dans un mois du jour de la Signification dudit Arrest, les Parties remettront leurs Requêtes & Piéces pardevant le Sieur Controlleur General des Finances, pour le tout vû & examiné, être ordonné ce qu'il appartiendra.

*Du 23. Juillet 1733.*

* Arrest du Conseil, qui ordonne l'execution des Articles 84. & 85. de l'Ordonnance du mois de Mars 1584. & ceux du Livre 5. du Titre 3. de l'Ordonnance du mois de Novembre 1684. en ce qui concerne les Parcs & Pescheries qui sont sur les Greves du ressort de l'Amirauté de Quimper; *Contenant 14. Articles.*

*Du 25. Juillet 1733.*

* Declaration du Roy, qui ordonne que les sommes provenant

des Impositions & Abonnemens qui ont été ou seront faits des Droits sur les Huiles & Savons pendant les six années du Bail des Fermes Generales Unies, fait à Nicolas Desboves, à commencer du premier Octobre 1732. seront payés par les Receveurs Generaux des Finances, Trésoriers Generaux & Particuliers des Pays d'Etats, & autres sur les Quittances dudit Desboves, ses Sous-Fermiers, Procureurs & Commis. *Registrée en la Chambre des Comptes de Paris, le 4. Septembre; En celle de Dijon, le 27. Novembre; En celle de Roüen, les 30. Septembre & 18. Novembre; En celle de Grenoble, le 8. Novembre; En celle de Nantes, le 5. Septembre; En celle d'Aix, le 14. Octobre; En celle de Blois, le 3. Septembre; En celle de Montpellier, le 5. dudit; En celle de Metz, le 7. dudit; En celle de Pau, le 2. dudit 1733. Et en celle de Dôle, le 18. Mars 1734.*

*Du* 28. *Juillet* 1733.

Arrest du Conseil, qui ordonne l'execution de l'Ordonnance du Sieur Bernage de Saint-Maurice, Intendant de Languedoc, du 19. Decembre 1732. Et fait un Reglement pour empêcher les Fraudes qui se commettent dans la perception des Droits sur les Huiles qui entrent, se consomment ou qui sortent de la Province de Languedoc.

*Du* 28. *Juillet* 1733.

* Arrest du Conseil, qui casse deux Sentences du Juge des Fermes d'Agde du 12. Mars 1733. Ordonne l'execution des Reglemens concernant la Perception du Droit de Fret; Condamne les nommés Pierre Dandré, & Pierre Lombard, Patrons des Tartannes *Nôtre-Dame de l'Assomption*, & *Nôtre-Dame du Rosaire*, à payer à M^e^. Nicolas Desboves, Adjudicataire des Fermes Generales Unies, le Droit de Fret desdites Tartannes, sur le pied de la jauge qui a été faite de leur continence à morte charge, conformément à l'Article premier du Titre dudit Droit de l'Ordonnance de 1681.

faute par lesdits Patrons d'avoir justifié de leur nation par des Passeports en bonne forme.

*Du premier Août 1733.*

* Arrêt du Conseil, qui modere les Droits de sortie hors du Royaume, & ceux de marque & de Controlle sur la Vaisselle d'argent & autres ouvrages d'Orfevrerie d'or ou d'argent fabriqués dans la Ville de Paris, qui seront destinés pour les Pays Etrangers, à commencer du premier Septembre 1733.

*Du premier Août 1733.*

* Arrêt du Conseil portant Reglement pour les Futaines ou Basins qui se fabriquent dans la Communauté de Saint Antonin, & dans l'Election de Montauban, *contenant seize Articles.*

*Du 4. Août 1733.*

Arrêt du Conseil, qui permet au Capitaine du Navire *L'Amitié* du Port de 200. tonneaux appartenant au sieur Dufresne Darsel Négociant à Saint Malo, de venir faire dans le Port du Havre le déchargement des Marchandises du produit de la Compagnie des Indes, qui auront été embarquées à Leogane dans ledit Navire, pour être ensuite ledit Navire désarmé à Saint Malo; décharge ledit Dufresne Darsel de la soumission qui auroit pû être par lui faite au Greffe de l'Amirauté de Saint Malo pour raison du fret par lui fait dudit Navire *L'Amitié*, & des peines prononcées par l'Article deux des Lettres Patentes du mois d'Avril 1717. pour n'avoir pas fait son retour dans le Port d'où il est parti.

*Du 4. Août 1733*

Arrêt du Conseil qui ordonne que le Procureur Général de la Cour des Aydes de Roüen, envoyera incessamment au sieur Controlleur général des Finances les motifs d'un Arrêt de ladite Cour du 19. Juin précédent, par lequel une Sentence de l'Election de Vire du 15. Septembre 1731. qui avoit condamné les nommés Jean Simon & Jean Vilain sous le nom de Jean le Gasc, & Jean Jeanne aux Galeres, pour avoir été arrêtés avec du faux tabac, a été annullée; pour lesdits motifs vûs & examinés au Conseil être ordonné ce qu'il appartiendra, toutes choses, jusqu'à ce demeurant en état.

*Du 11. Août 1733.*

* Arrêt du Conseil & Lettres Patentes. Qui dispensent les Commis & Employés des Fermes, qui ont prêté serment pendant les précédens Baux, de le prêter de nouveau pendant le Bail de Nicolas Desboves, Adjudicataire des Fermes générales. Et font défenses aux Juges des Fermes & à tous autres, de les troubler dans leurs fonctions, pour raison de ce, à peine d'interdiction, & de tous dépens, dommages & interêts. *Regiſtrées en la Cour des Aydes de Paris, le 11. Decembre 1733. en celle de Provence le 26. Fevrier 1734. au Parlement de Metz le 18. Fevrier 1734. à la Cour des Aydes de Clermont Ferrand, le 15. Fevrier 1734. en celles de Roüen les 18. & 19. Fevrier 1734. en celle de Bordeaux, le 17. Fevrier 1734. au Parlement de Navarre, le 20. Fevrier 1734. au Conseil Supérieur de Rousſillon à Perpignan, le 25. Fevrier 1734. au Parlement de Grenoble, le 11. Fevrier 1734. en la Cour des Aydes de Montpellier, le 18. Fevrier 1734. au Parlement de Bretagne, le premier Mars 1734. en celui de Dijon, le 23. Fevrier 1734. & à la Cour des Aydes de Montauban, le 2. Mars 1734.*

*Du 11. Août 1733.*

Arrêt du Conseil, qui évoque une Instance pendante pardevant le Juge des Traites de la Rochelle, entre Nicolas Desboves Adjudicataire des Fermes générales, & les sieurs Richard & Charrier Marchands à Rochefort, & les sieurs la Motte, Adrien & André Feuillet aussi Marchands à Saint Savinien

Savinien, à l'occasion du refus fait par le Receveur des Fermes de laisser décharger vingt-six barils de Harangs sores venus par la voye d'Hollande, & soupçonnés d'être de Pesche Angloise, & ordonne que dans un mois du jour de la signification dudit Arrêt, les Parties remettront leurs Requêtes & pieces, pardevant le sieur Controlleur Général des Finances, pour le tout vû & examiné, être par Sa Majesté ordonné ce qu'il appartiendra.

*Du* 11. *Août* 1733.

* Arrêt du Conseil, qui exemte pendant un an, à compter du 15. Septembre 1733. des Droits dûs au Roy ou à ses Fermiers, & des Droits de Péages, les grains qui seront transportez des Provinces du Royaume dans celle de Provence, à la charge seulement par ceux qui feront passer des grains en Provence pendant ledit tems, de faire pardevant les sieurs Intendans ou leurs Subdélégués, déclaration de la quantité de grains qu'ils feront transporter dans ladite Province, & leur soumission de rapporter la preuve du déchargement qui y aura été fait desdits grains.

*Du* 11. *Août* 1733.

* Arrêt du Conseil, qui proroge pour un an, à compter du 15. Octobre 1733. jusqu'au 15. Octobre 1734. les dispositions portées par l'Arrêt du 23 Septembre 1732. en conséquence ordonne que les bleds froments, meteils, seigles, orges, baillarges & autres grains, farines & légumes, qui passeront des Provinces des Cinq Grosses Fermes dans les Provinces réputées Etrangeres, & des Provinces réputées Etrangeres dans celles des Cinq grosses Fermes, seront & demeureront exemts de tous Droits d'Entrée & de sortie, Droits locaux, Droits d'Aydes & autres généralement quelconques, qui se perçoivent au profit de Sa Majesté, même des Droits d'Octrois appartenans aux Villes, lorsque lesdits grains, farines & légumes, ne feront que passer par lesdites Villes & n'y seront point consommez, à la charge par ceux qui feront transporter lesdits grains, farines & lé-

gumes, soit par eau ou par terre, de déclarer aux Bureaux d'Entrée & de Sortie la quantité & qualité desdits grains, farines & légumes, ainsi que le lieu de leur destination, & d'en souffrir la visite par les Commis desdits Bureaux, à peine de cinq cens livres d'amende, & de confiscation desdits grains, farines & légumes, en cas de fausse déclaration, ou faute d'en avoir fait; permet aussi à tous Marchands négocians, ou autres de transporter & faire des envois de grains, farines & légumes, d'un Port du Royaume, dans un autre Port du Royaume, même dans les Ports de Provence; à l'égard desquels l'Arrêt du 8. Juillet 1732. & celui de ce jour concernant la Provence, seront exécutez selon leur forme & teneur, à la charge par les Marchands, négocians ou autres, de donner au sieur Intendant de la Province de laquelle se fera l'envoy, une déclaration de la quantité & de la qualité desdits grains, farines & légumes qu'ils voudront faire sortir pour une autre Provice du Royaume, & de faire leur soumission pardevant ledit sieur Intendant, de rapporter au plus tard dans trois mois un certificat de la décharge desdits grains, farines & légumes dans le lieu qui aura été déclaré, à peine de cinq cens livres d'amende, &c.

*Du 11. Août 1733.*

Arrest du Conseil, qui ordonne que par le Garde du Tresor Royal en exercice, Pierre Carlier, Adjudicataire des Fermes Generales-Unies, sera remboursé de la somme de deux cens vingt-huit mille sept cens huit livres huit sols un denier, à quoi montent les payemens faits des deniers de la sixiéme année de son Bail, pour le supplement des rentes des Paroisses de Paris, Marly, & Saint Germain en Laye, indemnités des reductions faites des nouvelles rentes desdites Paroisses de Paris sur les Aydes & Gabelles, & sur les Tailles; Remedes fournis par le Sieur Helvetius Medecin, & envoys d'iceux dans les Provinces; Droits accordés à la Ville de Lyon sur les Etoffes étrangeres; differentes reparations & constructions de Corps-de-Garde & Barrieres; Rentes sur les dépôts des Sels à Rouen, Péages sur les Sels destinés pour la Savoye; Rembourſement de dépenſe au Sieur Comte de Gergy ; confection des Etats du Roi des petites Gabelles & autres ; appointemens des Commis du Bureau du Sieur Malet ; gratification annuelle à la Communauté des Meſureurs de Sel au Grenier de Paris ; frais de voyage, & autres dépenſes pour l'utilité des Manufactures ; appointemens des Commis pour le Bureau des Tarifs ; Ornemens deſtinés pour les Paroiſſes de Belliſle en mer, & généralement toutes les dépenſes ci-deſſus mentionnées ; à l'effet de quoi il ſera expedié audit Carlier une Ordonnance de comptant de ladite ſommede deux cens vingt-huit mille ſept cens huit livres huit ſols un denier ſur ledit Garde du Treſor Royal en exercice, lequel donnera en payement audit Carlier ſa quittance comptable ſur le prix de la ſixiéme année de ſon Bail, &c.

*Du* 11 *Août* 1733.

Arreſt du Conſeil, qui ordonne à M. le Procureur General de la Cour des Aydes de Paris, d'envoyer au Greffe du Conſeil les motifs d'un Arreſt de ladite Cour, du 10. Juin precedent, qui a infirmé une Sentence du Juge des Traites de Laval, du 30. Octobre 1732. par laquelle le nommé Radou avoit été condamné en 100. livres d'amende, & à la confiſcation de trente livres de cheveux ſur lui ſaiſis, faute d'en avoir payé les Droits au Bureau de Landivy, & pour les avoir entrepoſés dans une Auberge, avant que la Declaration en eût été faite audit Bureau, pour leſdits motifs vûs & examinés au Conſeil, être ordonné ce qu'il appartiendra : toutes choſes juſqu'à ce demeurant en état.

*Du* 11. *Août* 1733.

Arreſt du Conſeil, qui autoriſe Pierre Carlier, Adjudicataire des Fermes Generales-Unies, à faire les reparations du mur de l'aîle gauche, dépendant de l'Hôtel des Fermes, conformément au devis dreſſé par le Sieur de Cotte, & de faire l'acquiſition au nom, & pour le compte de Sa Majeſté, d'une petite Maiſon, ſituée ruë de Grenelle, joignant l'aîle gauche dudit Hôtel des Fermes, moyennant la somme de vingt mille liv. & ordonne, que pour le montant desdites dépenses & acquisitions, il sera expedié au profit dudit Carlier une Ordonnance de comptant sur le Garde du Tresor Royal en exercice, de la somme de quarante-un mille six cent soixante onze liv. dix s. dix d. qui lui sera payée en une quittance comptable, sur & en déduction du prix de son Bail.

*Du 28. Août 1733.*

* Sentence de M. le Lieutenant General de Police, qui fait iteratives défenses à toutes personnes, soit Marchands ou autres, de colporter aucunes Marchandises de Merceries dans les Maisons, Caffés, Boutiques, Hôtelleries & ruës de la Ville de Paris, même de faire aucune vente feinte ou simulée desdites Marchandises, dans les Places, Marchés publics, ni ailleurs, & de vendre ou exposer en vente aucunes Marchandises les jours de Fêtes & Dimanches, à peine de confiscation desdites Marchandises, & de trois cens livres d'amende contre chacun des contrevenans.

*Du premier Septembre 1733.*

* Arrest du Conseil, qui permet aux Fabriquans de Ravenelles, de faire fouler les Serges de leur Fabrique, dans les Moulins à Foulon, établis à Beauvais & aux environs, & de faire éputoyer lesdites Serges par les Laneurs de ladite Ville, avant qu'elles soient envoyées au Foulon, sans qu'ils puissent les y faire lanner & enverser : Ordonne, que lesdits Fabriquans seront tenus de mettre au sortir du métier, à l'aiguille, avec un fil de laine d'une couleur differente de la couleur de la piéce, leur nom & surnom, & le nom du lieu de leur demeure, au chef & à la queüe de chaque piéce de Serge qu'ils fabriqueront ; & de laisser à la tête desdites Serges, un quart d'aune de la chaîne, sans être tissu, ni fabriqué, & ladite chaîne noüée par portées de trente fils chacune, à peine de confiscation desdites Serges, & de vingt livres d'amende pour chaque piece & pour chaque contravention, & que toutes

les piéces desdites Serges qui seront apportées à Beauvais, pour être éputoyées ou foulées, soient à leur arrivée directement portées au Bureau de fabrique de ladite Ville, pour y être vuës & visitées par les Gardes-Jurez dudit Bureau, & ensuite remises aux Fabriquans ausquels elles appartiendront, qui feront leur soumission de les rapporter au retour du Foulon dans ledit Bureau de Fabrique, où elles seront de nouveau vuës & visitées par lesdits Gardes-Jurez, & par eux marquées d'un plomb, sur l'un des côtez duquel seront gravées les Armes du Roi, & sur l'autre, ces mots, *Fabrique de Ravenelles*, à peine de cinquante liv. d'amende contre chacun des Fabriquans qui n'apporteront pas, conformement à leurs soumissions, leurs Serges, au retour du Foulon dans ledit Bureau de Fabrique, pour y être visitées & marquées, & ensuite les soumissions renduës aux Fabriquans qui les auront données.

*Du 2. Septembre 1733.*

* Arrest de la Cour des Aydes, qui confirme une Sentence renduë en la Jurisdiction des Traittes de Joinville, le 29. Juillet 1732. en ce qu'elle prononce sur Jean Hilaire Jardinier, demeurant à Hevilliers, à un quart de lieuë de la Lorraine, la confiscation de douze muids de Vin excédans sa provision d'une année, sur le fondement que ledit Hilaire n'a pû faire Magasin & Entrepost de Vin dans sa Maison, ni en avoir une plus grande quantité que trois muids pour sa provision d'une année, suivant les dispositions portées par les Articles XII. du Titre III. de l'Ordonnance du mois de Juin 1680. & VII. du Titre IX de l'Ordonnance de 1687. & par l'Arrest du Conseil & Lettres Patentes des 4. & 14. Aoust 1722.

*Du 8. Septembre 1733.*

Arrest du Conseil, qui ordonne que les Jurats de la Ville de Libourne seront tenus, en leurs propres & privés noms, & sans qu'ils puissent prétendre aucune repetition contre la Communauté de ladite Ville, de rendre & restituer au Sieur Ducheyron Receveur des Fermes audit Libourne, le prix d'une Barique de Vin sur lui saisie, & l'amende de cent livres qui auroit pû être éxigée de lui, en execution de la Sentence des Jurats de ladite Ville de Libourne du 23. Juin 1733. sous prétexte que la futaille dans laquelle étoit le Vin, ne s'est pas trouvée de la Jauge ou Continence portées par les Reglemens.

*Du 15. Septembre 1733.*

Arrest du Conseil, qui ordonne que le Procureur General en la Cour des Comptes, Aydes & Finances de Roüen, envoyera incessamment au Sieur Controlleur General des Finances, les motifs de l'Arrest de ladite Cour, du 23. Juillet dernier, qui a moderé à cent cinq livres l'amende de mille livres encouruë par la Veuve la Pie Marchande à S. Lo, chez laquelle il avoit été fait une saisie de Faux Tabac, pour lesdits motifs vûs & examinés, être ordonné ce qu'il appartiendra, toutes choses, jusqu'à ce demeurant en état.

*Du 15. Septembre 1733.*

Arrest du Conseil, qui casse une Ordonnance du Sieur Pregent, President en l'Election d'Angers, du 22. Juin 1733. pour avoir ordonné l'élargissement d'un Prisonnier arrêté pour du Tabac de contrebande & le rend responsable de tous dépens dommages & interests du Fermier.

*Du 15. Septembre 1733.*

* Arrest du Conseil, servant de Reglement pour les Tabacs de provision qui se trouveront sur les Bâtimens Etrangers qui abordent dans les Ports de France, *Contenant neuf Articles.*

*Du 15. Septembre 1733.*

Arrest du Conseil, qui ordonne la remise entre les mains du Receveur General des Fermes à Nantes, d'une somme de quatre mille neuf cens quatre-vingt-quatre livres treize sols, provenant de la Vente de vingt-trois Balles de Toile du nombre de trente-cinq saisies sur le Sieur Prieur, pour contraventions aux Reglemens des Manufactures, & dont la consignation avoit été ordonnée être faite ès-mains du Receveur General de Bretagne.

*Du 15. Septembre 1733.*

Arrest du Conseil, rendu à l'occasion d'une Rixe arrivée entre les Employés des Fermes de la Brigade de la Choppe S. Etienne, & un faux Tabatier, dans laquelle il a été tué, qui renvoye pardevant les Officiers de l'Election de Dax, les plaintes, informations & procedures extraordinaires qui peuvent avoir été faites pour raison de ce, par le Juge du S. Esprit lès-Bayonne, contre lesdits Employés, & notamment contre le nommé Lurde, Commis de ladite Brigade, tant à la poursuite & diligence du Procureur d'Office, en la Jurisdiction du S. Esprit lèz-Bayonne, qu'en execution des deux Arrests du Parlement de Bordeaux des 25. Avril & 5. Aoust 1733. qui avoient autorisé lesdites procedures & Decrets, pour être la Procedure commencée par les Officiers de ladite Election de Dax, continuée & jugée ainsi qu'il appartiendra, sauf l'Appel en la Cour des Aydes de Guyenne, dont les Arrests des vingt-deux Juillet & 8. Aoust dernier, qui défendent de mettre lesdits Decrets à exécution, seront exécutés selon leur forme & teneur; Ordonne que les Charges, Informations, & autres Procedures, faites par le Juge du S. Esprit, seront incessamment envoyées au Greffe de l'Election de Dax.

*Du 15. Septembre 1733.*

* Arrest du Conseil, qui permet aux Marchands Drapiers & Merciers de Paris, de détacher les Plombs des Draps & Serges de Berry, & autres Etoffes de pareille qualité, qui sont apportées en blanc, dans ladite Ville, avant que de les faire dégorger, fouler, teindre & apprêter; à la charge, néanmoins, que lesdits Draps & autres étoffes, seront au retour du foulon, de la teinture, ou autres apprests, directe-

ment portés au Bureau de la Halle aux Draps de Paris, pour y être de nouveau visités, par les Gardes des Drapiers & des Merciers, & marqués au chef & à la queüe de chacune des Piéces, d'un Plomb, portant ces mots, *visités après les derniers Apprests*, si ils sont trouvés conformes aux Reglemens, & que les Voiles, Etamines, petits Camelots, & autres Etoffes legeres de pareille qualité, dont les plombs se seront détachez par leur propre poids, seront pareillement portés par lesdits Marchands Drapiers & Merciers, audit Bureau, où lesdites Etoffes seront visitées par lesdits Gardes; & si elles sont trouvées conformes aux Reglemens, marquéés à la tête & à la queüe de chacque piéce, du plomb de Controlle, pout tenir lieu de ceux qui se seront détachés, le tout sous les peines portées par l'Arrest du 30. Juin 1733.

*Du 16. Septembre 1733.*

* Ordonnance du Roy, portant qu'il sera pris dans l'Hôpital établi dans la Ville de la Rochelle, des pauvres Enfans, depuis l'âge de douze ans, pour servir de Mousses sur les Bâtimens des Marchands du port de la Rochelle, conformément à l'Ordonnance de la marine du mois d'Aoust 1681. & Reglemens du 15. Aoust 1732. *contenant dix Articles.*

*Du 22. Septembre 1733.*

Arrest du Conseil, qui ordonne que le sieur Nicolas Hamel, commis par Arrest du 8 May 1731. à l'effet de rendre les comptes de la Recette generale du Droit d'un pour cent, perçu sur les Marchandises des Isles & Colonies Françoises de l'Amérique, au lieu & place du feu sieur le Cordier, qui en étoit chargé, remettra au Garde du Trésor Royal en exercice, la somme de 5354. livres dix deniers, pour être employée ainsi qu'il sera ordonné, lequel en expédira sa Quittance audit Hamel de ladite somme, laquelle lui sera passée & allouée dans le compte qu'il rendra du produit dudit Droit d'un pour cent pour l'année 1730.

*Du*

*Du 26. Septembre 1733.*

* Arrest du Conseil, portant Reglement pour empêcher les abus qui se commettent par le mélange des Cottons fillés, qui viennent des Echelles du Levant à Marseille, *contenant sept Articles.*

*Du 27. Septembre 1733.*

* Arrest du Conseil, qui proroge pendant trois ans, à compter du 23. Octobre 1733. la permission cy-devant accordée aux Négocians François, qui font le commerce des Isles & Colonies Françoises de l'Amérique, de faire venir des Pays Etrangers, des Lards, Beurres, Suifs, Chandelles & Saumons sallés, sans payer aucuns Droits, pourvû que lesdites Marchandises soient destinées pour lesdites Colonies.

*Du 27. Septembre 1733.*

* Arrest du Conseil, qui ordonne que pendant trois ans, à compter du premier Octobre 1733. les Beurres & Fromages, venans de l'Etranger, & ceux du crû du Royaume, ne payeront aux Entrées, & dans les Provinces du Royaume, que les deux tiers des Droits cy-devant établis, à l'exception des Péages ordinaires, qui seront payés en entier.

*Du Septembre 1733.*

* Lettre instructive de Messieurs les Fermiers Generaux aux Receveurs & Controlleurs de la Ferme du Tabac, au sujet des approvisionnemens, *contenant neuf Articles.*

FIN.

# TABLE
## DES EDITS, DECLARATIONS, ARRESTS ET REGLEMENS,

RENDUS pendant la premiere année du Bail de Me. NICOLAS DESBOVES,

*Commencée le premier Octobre 1732. & finie le dernier Septembre 1733.*



Concernant les Gabelles de France, Lyonnois, Dauphiné, Provence, Languedoc, Roussillon, Auvergne, Salines de Moyenvick, Gabelles des Evêchez de Metz, Toul & Verdun, Gabelles & Domaines de Franche-Comté & d'Alsace, & Droits Manuels.

*Du 31 May 1730.*

ARREST du Conseil, portant qu'il sera fait un nouveau Bail des Fermes Generales, aux Cautions de Pierre Carlier, actuellement Adjudicataire desdites Fermes, pour six années, à commencer du premier Octobre 1732, pour les Gabelles, Cinq

Grosses Fermes, Aydes, Entrées & Droits y joints; & du premier Janvier 1733. pour les Domaines, Controlle des Actes, Amortissemens, Francs-Fiefs, nouveaux Acquests, Droits reservés, & autres y joints.

*Du* 31. *May* 1730.

Résultat du Conseil, portant Bail des Fermes Generales-Unies aux Cautions de Pierre Carlier, sous le nom de Nicolas Desboves, aux prix, charges, clauses, conditions, & pour les temps portés, tant audit Résultat, que par l'Arrest du Conseil du même jour.

*Du* 29. *May* 1731.

Résultat du Conseil, portant Bail à Pierre Carlier, & à Nicolas Desboves, des Droits Domaniaux, & autres, établis, & à établir dans la Principauté d'Orange, réunis à la Couronne par l'échange fait à M. le Prince de Conty, le 23. Avril 1731. aux prix, charges, clauses & conditions y portées.

*Du* 29. *May* 1731.

Arrest du Conseil, qui ordonne, qu'en attendant l'expedition, sceau, & enregistrement où besoin sera, du Résultat du même jour, Pierre Carlier, & Nicolas Desboves Adjudicataires des Fermes Generales de Sa Majesté, joüiront successivement des Domaines & Droits Domaniaux de la Principauté d'Orange, & dépendances, contenus dans le Bail passé le 26. Septembre 1723. par Louis-Armand de Bourbon, Prince de Conty, à M. Louis Crozat; & encore des Gabelles, & autres Droits tels qu'ils se levent dans l'étenduë de la Province de Dauphiné, au profit de Sa Majesté, & qui sont compris dans le Bail general des Fermes Unies, fait ausdits Carlier & Desboves, pour le tems mentionné audit Résultat; veut que lesdits Droits soient payés ausdits Carlier & Desboves, leurs Sous-Fermiers, Procureurs, Commis, & Préposés aux Bureaux, pour ce établis & à établir; à quoi faire les Débiteurs seront contraints par les voyes ordinaires, pour les deniers & affaires de Sa Majesté ; & que lesdits Carlier & Desboves, pourvoyent à tout ce qu'ils estimeront nécessaire pour l'entiere & paisible joüissance desdits Droits ; & enjoint au sieur Intendant & Commissaire départi dans la Province de Dauphiné, & aux Juges ordinaires des Fermes, de mettre en possession desdits Droits, lesdits Carlier & Desboves, leurs Sous-Fermiers, Procureurs & Préposés, & de tenir la main à l'exécution d'icelui, nonobstant toutes oppositions ou appellations, dont si aucunes interviennent, Sa Majesté s'en réserve la connoissance & à son Conseil, & icelle interdit à toutes ses Cours & autres Juges, &c.

*Du 3. Aoust 1732.*

* Declaration du Roi, *registrée en Parlement le 3. Septembre* 1732. qui proroge pendant six années, à commencer du premier Octobre 1732. la levée du doublement des Droits du Domaine & Barrage & Poids-le-Roy de Paris ; du Droit d'augmentation, ou rehaussement du Sel qui se consomme & distribuë dans l'interieur de la Province de Franche-Comté ; des quatre sols pour livres de tous les Droits des Fermes qui y sont sujets ; des Droits rétablis par la Declaration du 15. May 1722. aux Entrées, Ports, Quais, Halles & Marchés de la Ville, Fauxbourgs & Banlieuë de Paris ; des Droits de Courtiers-Jaugeurs, Inspecteurs aux Boucheries & aux Boissons ; des Droits Manuels sur les Sels, comme aussi la levée pendant six années, à commencer du premier Janvier 1733. des Droits reservés par les Edits des mois d'Aoust 1716. Janvier & Novembre 1717. dans les Cours, Chancelleries, Présidiaux, Baillages & autres Sieges & Jurisdictions du Royaume, *contenant trois articles.*

*Du 9. Septembre 1732.*

Arrest du Conseil, pour la prise de possession du Bail des Fermes Generales Unies, sous le nom de Me. Nicolas Desboves, pendant six années, à commencer du premier Octobre 1732. pour les grandes & petites Gabelles, Cinq Grosses Fermes, Aydes, Papier & Parchemin timbrés des Provinces où les Aydes ont cours, & autres Droits y joints; & du premier Janvier 1733. pour les Domaines de France, Contrôlle des Actes des Notaires, Petit-Scels, Insinuations, Centiéme Denier, Greffes, Amortissemens, Francs-Fiefs & Droits y joints.

Permet audit Desboves de se servir des Timbres qui sont actuellement en usage.

Dispense les Emploïés de prêter nouveau Serment; & regle les Droits d'Enregistrement, tant dudit Arrest, que ceux de Reception & Prestation de Serment desdits Emploïés.

*Du 7. Octobre 1732.*

Arrest du Conseil, qui ordonne au Sieur Procureur General de la Cour des Comptes, Aydes & Finances de Dole, d'envoyer à M. le Controlleur General des Finances, les motifs de l'Arrest de ladite Cour, du 8. Aoust 1732. par lequel le nommé Anathoile Humbert, Apoticaire à Dole, & ses Adherans, ont été renvoyés du crime de faux saunage par eux éxercé en vendant du Sel provenant de Franc-salé & de Privilege dont joüissent les Officiers de ladite Cour, pour lesdits motifs vûs & examinés, être par Sa Majesté ordonné ce qu'il appartiendra, toutes choses jusqu'à ce demeurant en état.

*Du 7. Octobre 1732.*

* Arrest du Conseil, qui maintient le Sieur Evêque d'Amiens dans la moitié des Droits de Travers, Chaussées ou Peages par terre & par eau dans la Ville d'Amiens, consistant entre autres choses, pour le Peage par terre, en un denier tournois par Charette attelée d'un Cheval, deux deniers par Charette à deux Chevaux ou plus, quatre deniers par Char à quatre roües, & un denier par Charette tirée par des Bestes asines, quant même il y auroit un Cheval avec lesdites Bestes asines, & pour le Peage par eau, en un denier pour six muids de Sel mesure d'Amiens, faisant cinquante minots deux boif-

seaux & demi, mesures des Gabelles, & déclare au surplus que les Droits de Franc-salé & de Péage sur les Bateaux chargés de Sel débarqués dans ladite Ville d'Amiens, prétendus par ledit Sieur Evêque, à titre d'indemnité du Droit de Tonlieu sur les Sels qui se vendoient anciennement dans ladite Ville ne sont compris dans ledit Arrest.

*Du 7. Octobre 1732.*

* Arrest du Conseil qui maintient la Dame veuve de Saissac dans la moitié des Droits de Travers, Chaussée ou Péage par terre & par eau dans la Ville d'Amiens, consistant entre autres choses, pour le Péage par terre, en un denier tournois par Charette attelée d'un Cheval, deux deniers par Charette à deux Chevaux ou plus, quatre deniers par Char à quatre rouës, & un denier par Charettre tirée par des Bestes asines, quand même il y auroit un Cheval avec lesdites Bestes asines, & pour le Peage par eau, en un denier pour six muids de Sel mesure d'Amiens, faisant cinquante minots deux boisseaux & demi mesure des Gabelles.

*Du 7. Octobre 1732.*

Arrest du Conseil, qui commet le Sieur le Clerc de l'Esseville, Intendant & Commissaire départi en la Generalité de Tours, pour instruire & juger le Procès, tant aux nommés René Ourié, dit Lamet, & Jerosme Moinet, Fauxsauniers, arrêtés par les Employés de la Brigade de Cheurtiers, département de Laval, & conduits dans les Prisons d'Ernée, & autres faits mentionnés dans le Procès-Verbal desdits Employés, des 14. & 15. Juillet 1732. que de la rebellion par eux faite ausdits Employés; ensemble pour instruire, continuer & juger souverainement & en dernier ressort, le Procès cy-devant, fait & jugé par contumace, le 23. Mars 1726. contre le nommé Michel le Boucher dit Varvasseur, qui s'est dit nommer René Ourier dit Lamet, lors de sa capture faite ledit jour 14. Juillet 1732. circonstances & dépendances, évoque & renvoye pardevant ledit Sr. de Lesseville, les procedures qui pourroient avoir été commencées pour raison de ce; par les Officiers du Grenier à Sel d'Ernée pour être le tout par lui jugé souverainement & en dernier ressort, en appelant avec lui le nombre de Gradués requis par l'Ordonnance.

*Du 21. Octobre 1732.*

Arrest du Conseil, qui ordonne que la Requeste de Pierre Carlier, Adjudicataire des Fermes Generales-Unies, tendante au retablissement du Perthuis de Bailli, situé sur la Riviere d'Yonne au-dessus d'Auxerre, pour la facilité des Voitures des Sels, sera communiquée aux Proprietaires dudit Perthuis, pour y repondre dans un mois du jour de la signification, & être ensuite ordonné, par Sa Majesté, ce qu'il appartiendra, toutes choses jusqu'à ce demeurant en état.

*Du 25. Novembre 1732.*

Arrest du Conseil, qui ordonne qu'une somme de six cens trente-trois livres treize sols quatre deniers; dont les Collecteurs de l'impost du Sel de la Paroisse de Bouchamps, Election de Laval, de l'année 1728. se sont trouvés redevables, discution faite de leurs biens, sera réimposée sur tous les Habitans de ladite Paroisse, par les nommés le Breton, le Roy, Loret, Fouquet, Bouthier & Buttier, Habitans de ladite Paroisse, qui en feront le recouvrement, & en remettront le montant à Pierre Carlier, Adjudicataire des Fermes Generales Unies, ou à son Preposé.

*Du 25. Novembre 1732.*

Arrest du Conseil, qui décharge les Collecteurs de l'impost du Sel de la Paroisse de Ruillé-le-Gravalais, ressort du Grenier de Laval, Generalité de Tours, pour l'année 1732. des assignations à eux données en consequence d'une Commission & Arrest du Grand Conseil, des 22. Avril & 4. Aoust 1732. obtenus par le Sieur Froment de Villeneuve Proprietaire du Château de Terchant & Secretaire du Roy, prenant le fait & cause du Sieur du Cros, demeurant audit Château, & y faisant valoir un Domaine en dépendant, que lesdits Collecteurs avoient compris dans leurs Rolles d'impost, pour un minot de Sel, évoque & renvoye la contestation dont il s'agit, pardevant le S[r]. le Clerc de Lesseville, Commissaire desparti en ladite Generalité, sauf l'Appel au Conseil, fait défenses aux Parties de proceder ailleurs que pardevant ledit Sieur Intendant, à peine de tous dépens, dommages & interest, & de cassation de procedures.

*Du 9. Decembre 1732.*

Arrest du Conseil, qui valide, confirme & ratiffie, l'acquisition faite au nom de Sa Majesté, par le Sieur Verdier, Subdelegué du Sieur de la Tour, Intendant & Commissaire départi en la Province de Bretagne, d'une Maison, Magasin & Emplacement, appartenant au Sieur & Dame Taverne, pour être construit sur ledit emplacement, trois Salorges ou Entreposts destinés à renfermer les Sels pour l'aprovisionnement des Greniers qui se fournissent par la Riviere de Loire, conformement au Contrat passé le 18. Fevrier 1732. confirme pareillement toutes les procedures qui ont été & seront faites, en execution dudit Contrat.

*Du 16. Decembre 1732.*

Arrest du Conseil, qui évoque les oppositions formées par les Sieurs François Bonnier de la Chapelle pere & fils, à l'appropriement de la Maison, Magasin, Emplacemens & dépendances, acquises au nom de Sa Majesté, de Michel Taverne, Bourgeois & Négociant de la Ville de Nantes, & de Claire Vandanbosch sa femme, par Contrat du 18. Fevrier 1732. circonstances & dépendances, & ordonne que dans un mois lesdits Sieurs Bonnier de la Chapelle pere & fils, remettront leurs Pieces & Memoires, concernant lesdites oppositions, entre les mains du Sieur Controlleur General des Finances, pour y être par Sa Majesté fait droit ainsi qu'il appartiendra.

*Du 16. Decembre* 1732.

Arrest du Conseil, qui commet le Sieur de Lesseville, Intendant & Commissaire départi en la Generalité de Tours, pour instruire & juger le Procès au nommé Joulain Mesureur au Grenier à Sel de Saumur, & aux auteurs complices Participes ou Adherans du vol de Sel fait dans ledit Grenier, évoque & renvoye pardevant ledit Sieur de Lesseville, les procedures qui pourroient avoir été commencées pour raison de ce, en quelque Jurisdiction que ce soit, pour être le tout par lui jugé souverainement & en dernier ressort, en appelant avec lui le nombre de Gradués requis par l'Ordonnance.

*Du 23. Decembre* 1732.

Arrest du Conseil, qui ordonne que Georges Gouget, cy-devant Adjudicataire des Gabelles & Domaines de Franche-Comté, Gabelles des trois Evêchés & Domaines d'Alsace, du Bail commencé au premier Octobre 1715. sera remboursé de la somme de cent quatorze mille trois cens livres dix-sept sols cinq deniers ; à laquelle ont été liquidés toutes ses demandes & prétentions, pour raison des sommes par lui payées & remboursées à Nicolas Chambon, precedent Fermier, & à differens Entrepreneurs, Ouvriers & autres, à cause des Travaux, Constructions, Acquisitions & autres dépenses par lui faites, ou par ses prédécesseurs, dans l'étenduë desdites Fermes, en une Ordonnance de comptant sur le Garde du Tresor Royal, en exercice & par lui acquitée, des fonds qui seront à ce destinés, & en rapportant par lui ladite Ordonnance, acquittée & quittancée de deux des Cautions dudit Gouget, avec l'expedition ou copie collationnée dudit Arrest, & les pieces justificatives de tous les Articles y énoncés, cottées & paraphées par premiere & derniere, au nombre de cent quarante-quatre, qui demeureront annexées à la minutte d'icelui, la somme de cent quatorze mille trois cens livres dix-sept sols cinq deniers ; sera passée & allouée sans difficulté, audit Garde du Tresor Royal, dans

dans la dépense de ses Etats & comptes, & par tout où besoin sera.

*Du 30. Decembre 1732.*

Arrest du Conseil, qui casse celui de la Cour des Aydes de Rouen du 18. Juillet 1732. par lequel un Procès Verbal de saisie de faux Sel trouvé dans la maison des Sieur & Dame de Beaumont, a été annullé, sous prétéxte qu'un des Employés saisissans, portoit un autre nom que celui sous lequel sa Commission lui avoit été expédiée ; & en vertu de laquelle il avoit été reçu au serment, inscrit sur le tableau des Employés, étant au Greffe, & exercé pendant plusieurs années ; & lesdits sieur & Dame de Beaumont déchargez d'une Amende de 200. livres contre eux prononcée par Sentence contradictoire des Officiers du Grenier à Sel de Falaise, du 15. Decembre 1731. & ordonne que ladite Sentence sera exécutée selon sa forme & teneur.

*Du 6. Janvier 1733.*

Arrest du Conseil, qui commet le sieur Dodart Intendant & Commissaire départi en la Généralité de Bourges, pour instruire & juger le Procès aux Auteurs, Complices, Fauteurs, Participes, ou Adherans des faits mentionnez dans les Procès Verbaux des nommez Jacques-Henry Bouée, Huissier Garde à la Connestablie & Mareschaussée de France, les Gardes sedentaires au Grenier à Sel de Vierzon, & 4. Carabiniers, des 18. & 19. Decembre 1732. & des meurtres commis ès personnes des nommés Deschaumes pere & fils, arrivés dans une rebellion par eux faite aux Employés, à l'occasion de l'execution d'une contrainte pour restitution de Droits de Gabelles, contre ledit Deschaumes pere.

*Du 9. Janvier 1733.*

Arrest du Conseil, qui renvoye à la Cour des Aydes de Paris, le sieur Antoine Mothué, en qualité d'héritier du sieur Pierre Mothué son pere arriere-Fermier des Domaines &

Droits y joints de l'Office d'Amance, & Villages en dépendans en Lorraine, pour raison des indemnités par lui prétenduës dans celles accordées à Nicolas Fauciel, Sous-Fermier de Claude Boutet, & de Jean Fauconnet, successivement adjudicataires des Fermes Générales des Baux commencez en 1680. & 1681.

*Du 13. Janvier 1733.*

* Arrest du Conseil, qui rétablit le sieur du Gasquet dans un Droit de Péage sur la Riviere de Garonne, au port de la Magistere, dépendant de la Seigneurie de Clermont - dessus en Guyenne, supprimé par Arrest du Conseil du 1. Janvier 1732. consistant entre autres choses, en un droit de six deniers Tournois pour chaque pipe de Sel, le maintient dans un Droit de Bac au même port; & ordonne que dans trois mois, il rapportera les pencartes du Droit de Péage par terre par lui prétendu dans ladite Seigneurie de Clermont-dessus, sinon, que ledit Arrest du Conseil du 1. Janvier 1732. sera exécuté à cet égard purement & simplement, & ledit Droit de Péage par terre, supprimé à perpétuité.

*Du 17. Janvier 1733.*

* Arrest du Conseil, qui maintient le S[r]. Marquis du Pont du Château, dans la propriété, possession & joüissance de la Digue ou Pestiere, construite au dessous de la Ville du Pont du Château, & dans le Droit de percevoir trente sols sur chaque Batteau passant par l'ouverture du pertuis, ou écluse de ladite Digue, à la charge par lui, de faire réparer ladite écluse, d'y faire construire un Glacis ou Radier à ses frais & dépens; & d'entretenir le tout en bon & suffisant état, pour le passage des Batteaux par ladite écluse.

*Du 20. Janvier 1733.*

Arrest du Conseil, portant qu'il sera annuellement fait fonds de la somme de deux mille sept cent liv. dans l'état des Gabellles de Dauphiné, sous le nom de la Brigade de Maréchaussée de la Principauté d'Orange, à commencer du 1. Aoust 1732. pour être payée par Nicolas Desboves, Adjudicataire Général des Fermes unies, sur les Ordonnances du sieur Intendant de ladite Généralité, sçavoir sept cens liv. à l'Exempt, & deux mille liv. aux quatre Archers, à raison de cinq cens livres chacun, de laquelle somme de deux mille sept cent livres il sera tenu compte au Fermier sur le prix de son Bail, en rapportant par lui copie collationnée dudit Arrest, les Ordonnances dudit sieur Intendant, & les Quittances en forme, desdits Exempts & Archers.

*Du 27. Janvier 1733.*

Arrest du Conseil, qui ordonne que la somme de trois cens trente-une liv. trois s. deux d. dont les Collecteurs de l'impôt du Sel de la Paroisse d'Olivet, Election de Laval, de l'année 1725. se sont trouvés redevables, & hors d'état de payer, après la discussion faite de leurs biens & effets, sera réimposée en deux années, par égale portion, sur tous les Habitans de ladite Paroisse, sujets audit impost par un rôle particulier au marc la livre, lequel sera rendu exécutoire par le sieur de Lesseville Intendant de la Généralité de Tours, ou par son Subdélegué, & que les Collecteurs qui seront en charge pendant les années 1733. & 1734. remettront les deniers provenans de ladite réimposition aux nommés Gilles Audruyer Notaire, Louis Auguere, Pierre de Liere, & Pierre Genoil, principaux habitans de ladite Paroisse, qui en ont fait les avances au Fermier, en exécution d'une Sentence des Officiers du Grenier à Sel de Laval, du 3. Juillet 1732.

*Du 27. Janvier. 1733.*

Arrest du Conseil, qui ordonne que la somme de trois cens quatre vingt seize liv. dix s. six d. dont les Collecteurs de l'impôt du Sel de la Paroisse d'Olivet, Election de Laval, de l'année 1727. se sont trouvés redevables, & hors d'état de payer après la discussion faite de leurs biens & effets, sera réimposée en deux années par égale portion sur tous les habitans de ladite Paroisse sujets audit impôt, par un rôle particulier au marc la livre, lequel sera rendu executoire par le sieur de Lesseville Intendant de la Généralité de Tours, ou par son Subdelegué, & que les Collecteurs qui seront en Charge pendant les années 1733. & 1734. remettront les deniers provenans de ladite réimposition, aux nommez Jean Gaignard, Pierre Hoyau, Jean Dulau, & René le Bourdais principaux habitans de ladite Parroisse, qui en ont fait les avances au Fermier, en vertu d'une Sentence des Officiers du Grenier à Sel de Laval du 7. Juillet 1732.

*Du 27. Janvier 1733.*

Arrest du Conseil, qui commet le sieur Trudaine Intendant & Commissaire départi en la Généralité de Riom, pour instruire & juger le Procès, tant au nommé Gilbert Bargignac Marchand de Sel, de la Paroisse de Montet-de-Gelat, accusé de fournir du Sel aux Fauxsonniers, qui en font ensuite des versemens dans les pays des Gabelles, qu'aux autres auteurs, complices, fauteurs, participes, ou adherans de son commerce frauduleux avec lesdits Fauxsaunniers; évoque & renvoye pardevant ledit sieur Trudaine, les procédures qui pourroient avoir été commencées, pour raison de ce, en quelque Jurisdiction que ce soit;& icelles, circonstances & dépendances, pour être le tout par lui jugé souverainement & en dernier ressort, en appellant avec lui le nombre de graduez requis par l'Ordonnance.

*Du 27. Janvier 1733.*

* Arrest du Conseil, qui ordonne l'exécution de celui du 27. Fevrier 1731. par lequel les Droits de Péages sur les Sels & autres Marchandises passant au Pas du Sault de l'Estang sur la Riviere de Charente, Généralité de Limoges, ont été supprimés.

*Des 3. & 24. Fevrier 1733.*

* Arrest du Conseil & Lettres Patentes, *régistrées en la Cour des Aydes, le 26. Mars* 1733. qui ordonnent, que les affirmations des Procès Verbaux des Commis des Fermes seront valables, pourvû que l'Acte qui les contiendra soit signé du Juge devant lequel elles auront été faites, de quelque main que ledit Acte soit écrit.

*Du 3. Fevrier 1733.*

Arrest du Conseil, qui liquide l'indemnité dûë à Pierre Carlier, Adjudicataire des Fermes Generales Unies pour le Supplement du prix des Sels par lui fournis aux Cantons Suisses Catholiques, en consequence des Traités de Sa Majesté, & au Chapitre de Besançon, pendant la cinquiéme année de son Bail, commencée le premier Octobre 1730. & finie le dernier Septembre 1731. à la somme de soixante-douze mille huit cent treize livres dix-sept sols neuf deniers, pour valeur de laquelle, ordonne qu'il sera expedié au profit dudit Carlier une Ordonnance de comptant sur le Garde du Tresor Royal en Exercice, laquelle sera par lui payée en une Quittance comptable de pareille somme, à la décharge du prix dû Bail dudit Carlier.

*Du 3. Février 1733.*

* Arrest du Conseil, qui ordonne l'execution de la Declaration du Roy du dernier Janvier 1663. en consequence fait Deffenses à tous Proprietaires des Droits de Peages qui se levent sur les Sels & Batteaux chargés de Sel montant la Riviere de Loire, au Bureau de la Prévôté de Nantes, & à leurs Fermiers ou Receveurs d'exiger ou recevoir aucun Droit soit en argent ou autrement, quand même il leur seroit volontairement offert pour les Quittances qu'ils sont tenus de donner des payemens qui leur sont faits au-dessus de 5. sols pour raison desdits Droits de Peages, à peine contre les

Proprietaires desdits Droits de restitution de ce qui auroit été exigé sous prétexte de Droit de Quittance, d'une amende arbitraire au profit de Sa Majesté, & de suppression de leurs Droits de Peages, & contre leurs Fermiers ou Receveurs, d'être poursuivis extraordinairement comme Concussionnaires, & punis comme tels, suivant la rigueur des Ordonnances.

*Du 3. Février 1733.*

* Arrest du Conseil, qui maintient le Sieur de Lusignan dans un Droit de Péage sur la Riviere de Garonne au Port de Guilhen-Loulho, Jurisdiction de Lusignan en Agenois, Generalité de Bordeaux, consistant entr'autres Droits en trois Deniers par Pipe de Sel.

*Du 24. Février 1733.*

* Arrest du Conseil, qui déboute le Sieur des Burons-Huteau de ses représentations contre l'Arrest du Conseil du 18. Janvier 1729. portant suppression d'un Droit de Péage par lui prétendu sur les Sels passant sur la Riviere de Loire à Nantes.

*Du 24. Février 1733.*

* Arrest du Conseil, qui ordonne l'execution de plusieurs Sentences & Arrests rendus par les Juges des Fermes en Languedoc & Provence, par lesquels il a été prononcé des Confiscations, Amendes & peines de Galeres contre differens Patrons & Matelots Catalans convaincus de Faux-saunage & d'introduction de faux Tabacs & autres Marchandises de Contrebande; & cependant par grace, & sans tirer à consequence leur fait main-levée de partie desdites Marchandises & Amendes.

*Du 24. Février 1733.*

Arrest du Conseil, qui commet le Sieur Maclot, Conseiller d'Honneur au Parlement de Metz, & Commissaire

General pour l'Administration tant des Forêts situées dans le Comté, & Maîtrise de Salins que de celles affectées à l'usage des Salines dudit Comté, & pour l'Inspection des Chemins qui conduisent desdites Forêts à Salins, & au Port de Chamblay, & des rivieres qui se trouveront dans l'étenduë desdites Forêts & desdits Chemins, à l'effet d'instruire & juger le Procès aux auteurs des abus & malversations commis sur le payement & mesure des Bois voiturés pour l'usage desdites Salines; ensemble des insultes faites au sieur Petit, Procureur en la Jurisdiction desdites Salines, par le Commis de l'Adjudicataire de la Fourniture desdits Bois, circonstances & dépendances, évoque & renvoye pardevant ledit Sieur Maclot les Procedures qui pourroient avoir été commencées pour raison de ce, en quelque Jurisdiction que ce soit, pour être le tout par lui jugé souverainement & en dernier ressort, en appellant avec lui le nombre de Gradués requis par l'Ordonnance.

*Du 24. Février 1733.*

Arrest du Conseil, qui leve l'interdiction prononcée contre les Officiers du Grenier à Sel de Chollet par l'Arrest de du 15. Juillet 1732. & les renvoye aux fonctions de leurs Offices.

*Du 3. Mars 1733.*

Arrest du Conseil, qui évoque & renvoye pardevant M. de la Tour, Intendant en Bretagne, les Procedures commencées tant devant ledit Sieur Intendant & son Subdelegué à Vitré, que devant les Juges des Traites & Gabelles de ladite Ville de Vitré, à l'occasion d'une rebellion faite aux Employés des Fermes de la Brigade établie à Loriere, par une troupe d'Habitans qui passoient de la Province du Maine dans celle de Bretagne, avec plusieurs Chiens, dans le dessein d'y acheter du Sel, & faire le Faux-saunage, & pour faire le Procès aux auteurs de l'Assassinat commis en la personne du nommé Guaison, l'un desdits Faux-sauniers.

## *Du* 3. *Mars* 1733.

Arrest du Conseil, qui autorise le Sieur le Baud Bourgeois de Paris, à faire construire sur le terrain qui lui appartient à la Ferté lès-Saint-Vallery sur Somme, trois ou quatre dépôsts propres à contenir six à sept mille muids de Sel, sans aucun logement, autre que deux corps de Garde; ordonne qu'il sera payé audit S^r. le Baud, trente-cinq sols pour chacun muid de Sel que pourront contenir lesdits dépôsts, pour lui tenir lieu de loyer, & qu'il sera en outre chargé du portage desdits Sels, tant aux emplacemens qu'aux relevemens, moyennant vingt-cinq sols par muid.

## *Du* 10. *Mars* 1733.

Arrest du Conseil, qui fait main-levée aux Sieurs Bonnevie fils, & Watar son Tuteur, des Scellés apposés tant par les Officiers de la Chambre des Comptes, que par le Sr. Fagon, Conseiller d'Estat, Intendant des Finances, en la Maison où le Sr. Bonnevie pere est décedé, à la charge par lesdits Sieurs Bonnevie & Watar, èsdits noms, suivant leurs offres, de se charger tant des Scellés du Commissaire Glou qui resteront en leur entier, que des meubles & effets trouvés en évidence lors de son Procès-verbal, même de rendre les Comptes des Fermes Generales Unies, & de la Ferme du Tabac, sous les noms de Carlier & Desboves, dans lesquelles ledit défunt Sieur Bonnevie avoit interêt, dont du tout, lesdits Sieurs Bonnevie fils & Watar, audit nom, feront leurs soumissions au Greffe du Conseil, & qu'après lesdites soumissions faites, il sera par ledit Sieur Fagon, procedé à la reconnoissance & levée des Scellés, ceux apposés par lesdits Sieurs Officiers de la Chambre des Comptes préalablement par eux reconnus, sinon seront verifiés par le premier Juré-Expert Graveur, qui sera choisi & nommé d'Office, par ledit Sieur Fagon, lequel ensuite de ladite reconnoissance ou verification, levera & ôtera les Scellés desdits Sieurs Officiers de la Chambre des Comptes. Ordonne en outre qu'après les reconnoissances ou verification

verification & levée desdits Scellés, lesdits Sieurs Bonnevie fils & Watar, audit nom, de son Tuteur, seront tenus de faire proceder dans le tems de l'Ordonnance, à l'Inventaire des biens & effets dudit défunt Sieur Bonnevie, pardevant Notaires, en présence des Parties Interessées ou Opposans aux Scellés dudit Commissaire Glou, ou eux dûëment appellés.

*Du 10. Mars 1733.*

Arrest du Conseil, qui permet aux Entrepreneurs des Voitures des Sels, de faire faire pendant l'année 1733. les mêmes ouvertures que celles qui ont été faites en 1732. aux Ecluses du Pertuis de Bailli, situé sur la Riviere d'Yonne, pour faciliter le montage des Batteaux chargés de Sel.

*Du 10. Mars 1733.*

Arrest du Conseil, qui casse l'arresté fait le 26. Fevrier 1733. par les Officiers du Grenier à Sel de Candé, du Rolle de la repartition du Sel, dans la Parroisse du Lyon-d'Angers, du ressort dudit Grenier; & ordonne que celui du 20. Decembre, arrêté de l'ordre de M. l'Intendant de la Generalité de Tours, sera executé selon sa forme & teneur.

*Du 10. Mars 1733.*

Arrest du Conseil qui déboute Pierre Carlier Adjudicataire des Fermes Generales Unies, de sa demande en cassation de l'Arrest de la Cour des Comptes, Aydes & Finances de Dole, rendu le 2. Avril 1732. par lequel le nommé Guillaume Vernillet, du Village de Mantoche, a été déchargé de la confiscation de dix Pains de Sel, sur lui saisis, & de l'amende de trois cens livres contre lui prononcée, par Sentence des Juges des Gabelles de la Ville de Gray, sous prétexte que le Sel saisi, étoit destiné pour la provision des Habitans du Hameau de Meix-Grison, situé dans le Duché de Bourgogne, & qui ont droit d'user du Sel du Comté.

*Du 17. Mars 1733.*

Arreſt du Conſeil, qui y évoque une Inſtance pendante au Parlement de Paris, ſur l'Appel qui y a été relevé par le Sieur le Muet, Procureur au Bailliage & Siege Preſidial d'Auxerre, d'une Sentence du Bureau de ladite Ville, par laquelle il a été débouté de ſa demande, tendante à être autoriſé de faire faire le rétabliſſement d'un Pertuis ſur la Riviere d'Yonne, au-deſſus de ladite Ville d'Auxerre, lequel ſeroit préjudiciable à la Navigation & Voiture des Sels.

*Du 24. Mars 1733.*

* Arreſt du Conſeil, qui ſupprime les Droits de Peage qui ſe levent ſur les Batteaux ou Gabarres chargés de Sel, paſſant ſur la Riviere de Dordogne & qui ſe déchargent aux Ports de la Ville de Bergerac, conſiſtant en deux ſols neuf deniers par muid de Sel, & fait défenſes au Sieur de Monchenu, & autres Heritiers ou ayant cauſe de la Dame Eliſabeth Sauret, d'en continuer la perception à l'avenir, à peine contre eux, de reſtitution des droits qui auroient été éxigés.

*Du 24. Mars 1733.*

* Arreſt du Conſeil, qui ordonne l'execution de celui du dix-huit Mars 1732. & fait iteratives deffenſes aux Prieur, Sindic & Religieux Benedictins de Saint Pierre de la Reolle, de lever aucun droit de Péage par eau & par terre, ſur les Marchandiſes, Sel & autres Denrées, dans l'étenduë de la Juriſdiction de la Reolle en Guyenne.

*Du 31. Mars 1733.*

Arreſt du Conſeil, qui ordonne que Nicolas Desboves Adjudicataire des Fermes Generales, payera à Nicolas Deſcot Chaircuitier, demeurant à Chateau-Thierri, la ſomme de ſix cens livres, à quoi a été reglée l'indemnité à lui dûë, pour avoir fait reculer sa Maison située audit Chateau-Thierri, afin de faciliter la décharge des Sels, au Grenier de ladite Ville.

*Du 31. Mars 1733.*

Arrest du Conseil, par lequel Sa Majesté faisant droit sur la demande de Pierre Carlier, Adjudicataire des Fermes Generales Unies, & sans avoir égard à la demande en inscription de Faux formée par Marin Coüiller Laboureur de Thubeuf, devant les Officiers du Grenier à Sel de Lassay, de laquelle il est débouté, ni aux Jugemens des Officiers dudit Grenier, des 31. Aoust & 7. Septembre 1730. & à l'Arrest de la Cour des Aydes du 7. Mars 1732. qui sont cassés & annullés, & tout ce qui s'en est ensuivi; ordonne que soixante-deux liv. de Beurre salé, saisis sur ledit Coüiller pour n'avoir pas pris du Sel au Grenier pour grosse salaison, demeureront confisqués au profit dudit Carlier, à la representation duquel Beurre, seront tous Gardiens & Depositaires contraints; quoi faisant déchargés, & le condamne en l'amende de trois cens livres, & en tous les dépens, tant des causes principales que d'appel.

*Du 14. Avril 1733.*

Arrest du Conseil, qui ordonne que le Sieur la Grange, Procureur du Roy au Grenier à Sel de Seurre, prétendant avoir droit de joüir d'un minot de Franc-Salé, au lieu de la moitié, pour laquelle il est employé dans l'Etat du Roy, representera dans un mois, à compter du jour de la signification dudit Arrest, l'Edit de Création de sa Charge; pour icelui vû & examiné, être par Sa Majesté ordonné ce qu'il appartiendra, toutes choses demeurant en état.

*Du 5. May 1733.*

* Declaration du Roy, *registrée en la Cour des Aydes, le 3. Juin* 1733. qui continuë pendant trois années à commencer au premier Janvier 1753. pour finir au dernier Decembre 1755. la levée & perception des quatre Cruës de quarante

& cinquante sols par minot de Sel, en faveur de la Province de Bourgogne.

*Du 5. May* 1733.

Arrêt du Conseil, portant qu'il sera fait fonds dans l'Etat, qui s'arrête annuellement des Charges assignées sur les Gabelles de Dauphiné, de la somme de deux mille sept cens livres sous le nom du Trésorier général des Maréchaussées du Royaume en exercice chaque année, pour être par lui employée au payement des Officiers de la Brigade des Maréchaussées établies en la Principauté d'Orange; sçavoir, sept cens livres à l'Exemt & deux mille livres aux quatre Archers, à raison de cinq cens livres chacun par an, & ce pendant le courant du Bail de Me. Nicolas Desboves Adjudicataire général des Fermes Unies dont la dépense lui sera passée & allouée sans difficulté dans les Etats au vray & comptes qu'il doit rendre du prix de son Bail, tant au Conseil qu'en la Chambre des Comptes de Grenoble, en rapportant par lui les quittances comptables des Trésoriers généraux desdites Maréchaussées, & en ceux desdits Trésoriers, en rapportant aussi les Reçûs, quittances & décharges accoûtumées, suivant l'employ qui en sera fait en conformité, tant en Recette que dépense, dans les Etats des Maréchaussées de chacune desdites années.

*Du 5. May* 1733.

Arrêt du Conseil, qui décharge le sieur Bainville, Controlleur au Grenier à Sel du Mans, de l'assignation à lui donnée à la Cour des Aydes, à la Requête de Jacques Maupoint Greffier audit Grenier, pour raison de l'exécution d'une Délibération des Officiers dudit Grenier à Sel, qui change la répartition des gratifications, pour excedens de vente, & ordonne l'exécution de la Délibération des Fermiers Généraux, du premier Decembre 1721. qui regle lesdites répartitions.

*Du 12. May* 1733.

* Arrêt du Conseil, qui permet à Me. Nicolas Desboves

Adjudicataire général des Gabelles de France & autres Fermes Unies, de choisir & établir tels dépôts qu'il jugera nécessaires & convenables, séparés des Greniers à Sel & des dépôts, pour y emplacer les Sels de capture, ordonne que les Officiers des Greniers & des dépôts seront tenus de se charger sur leur Registre desdits Sels de capture, & leur défend d'exiger pour raison de ce aucunes vacations à peine de restitution, & de tous dépens, dommages & interêts.

*Du 12. May 1733.*

* Arrêt du Conseil, qui supprime le Droit de Péage prétendu par le sieur Evêque d'Orleans, sur les Sels passant sur la Riviere de Loire devant la ville de Meung Généralité d'Orleans, consistant en quatorze sols onze deniers pour son quart de cinquante-neuf sols huit deniers, à quoy avoit été évalué par l'Edit du 9. Mars 1546. le Droit de Péage ou Salage de quatre minots de Sel en nature, à prendre sur chaque sentine mere chargée de plus de deux muids & mine de Sel & fait défenses audit sieur Eveque d'Orleans & à ses Successeurs, de continuer à l'avenir la perception dudit Droit, à peine contre eux de restitution des droits qui auroient été exigez.

*Du 12. May 1733.*

* Arrêt du Conseil, qui supprime le droit de Péage prétendu par le Sieur Abbé de Saint Mesmin, sur les Sels passant sur la Riviere de Loire à Saint Mesmin Généralité d'Orleans, consistant en quatorze s. onze den. sur chaque Batteau chargé de deux muids de Sel, & fait défenses audit sieur Abbé de Saint Mesmin & à ses Successeurs, de continuer à l'avenir la perception dudit Droit, à peine contre eux de restitution des Droits, qui auroient été exigez.

*Du 19. May 1733.*

Arrêt du Conseil, qui ordonne que ce qui se trouvera dû aux Adjudicataires ou Entrepreneurs des travaux & ouvrages de la Chapelle ordonnée être construite à la Saline de Moyenvic, après l'entiere perfection d'iceux, leur sera payé par Nicolas Desboves Adjudicataire des Fermes Générales, au lieu & place de Pierre Carlier, duquel payement, ainsi que de ceux faits par à bon-compte aux mêmes Adjudicataires par ledit Carlier, , il sera tenu compte audit Desboves sur le prix de son Bail, en rapportant par lui les pieces sur ce suffisantes & énoncées audit Arrêt.

*Du 19. May* 1733.

Arrêt du Conseil, qui ordonne que par le sieur de Creil Intendant & Commissaire départi en la Généralité de Metz, il sera procedé à l'adjudication au rabais, des ouvrages à faire à la Saline de Moyenvic, aux canaux & autres bâtimens en dépendans mentionnés dans le mémoire du sieur Saulon Ingénieur, chargé de la conduite des ouvrages de ladite saline du 15. Fevrier 1733. & conformément au devis estimatif qui en a été par lui dressé le 6. Avril suivant, du prix desquels ouvrages les Entrepreneurs seront payez, sur les ordonnances dudit Sieur de Creil au fur & à mesure, ou après la réception desdits ouvrages, par Nicolas Desboves Adjudicataire des Fermes Générales Unies, auquel il en sera tenu compte sur le prix de son Bail, en rapportant les pieces énoncées audit Arrêt.

*Du 2. Juin* 1733.

Arrêt du Conseil, qui agrée & approuve les offres faites par le Sieur Chaillet & Associés, d'établir une saline à Lons-le-Saunier, suivant & conformément aux charges, clauses & conditions énoncées dans vingt-deux Articles mentionnés audit Arrêt.

*Du 9. Juin* 1733.

Arrêt du Conseil, qui ordonne que le produit des Droits de treize deniers par muid de Sel faisant partie du droit de huit sols, qui se leve dans l'étenduë de la Ferme de Brouage, &

dont joüissoit le feu Prince de Carpegne, sera reçû par Nicolas Desboves, Adjudicataire de la Ferme générale, pour en compter par lui, outre & pardessus le prix de son Bail, à commencer du 27. Octobre 1731. jour du décès dudit sieur Prince de Carpegne.

*Du 23. Juin 1733.*

Arrêt du Conseil, qui ordonne que pardevant le sieur de Lesseville, Intendant & Commissaire départi en la Généralité de Tours, il sera procedé à l'adjudication au rabais, des ouvrages à faire pour le rétablissement des vingt-deux portes marinieres situées sur la Riviere de Mayenne, depuis Laval jusqu'à Châteaugontier, conformément au Devis qui en a été dressé par l'Ingenieur de la Généralité, le 14. Octobre 1732. du montant du prix desquels ouvrages l'Entrepreneur sera payé par Nicolas Desboves, Adjudicataire des Fermes Générales Unies, auquel il en sera tenu compte sur le prix de son Bail, en rapportant ledit Arrêt & les pieces y énoncées.

*Du 30. Juin 1733.*

Arrêt du Conseil, qui ordonne qu'une somme de deux cens vingt liv. seize sols, dont les Collecteurs de la Paroisse de Montigné Election de Laval, en l'année 1728. se sont trouvez redevables & hors d'état de payer après la discussion faite de leurs biens & effets sera réimposée sur tous les Habitans de ladite Paroisse par un rôle particulier, au marc la livre de l'impôt du Sel, par les nommés Jean Cournée, Jean Moreau, François Rousset & Pierre Landais principaux Habitans dudit lieu, qui en ont fait l'avance à Me. Pierre Carlier Adjudicataire Général des Fermes Unies, comme contraint par Sentence des Officiers du Grenier à Sel de Laval du 19. Mars 1733.

*Du 30. Juin 1733.*

Arrêt du Conseil, qui commet le sieur de Vanolles, Intendant du Bourbonnois, pour instruire & juger le

Procès aux Auteurs & Complices du meurtre commis le 8. Juin 1733. dans la Parroisse de S. Severin, près Aubusson, en la personne du sieur de la Chaise, par une bande de Faux-Sauniers.

*Du* 14. *Juillet* 1733.

Arrest du Conseil, qui ordonne, que pardevant le sieur de Jallais Intendant & Commissaire départi en la Province de Roussillon, il sera procedé à l'Adjudication au rabais des Ouvrages à faire pour la construction à neuf, des entrepôts de Cannet, situées en Roussillon, & servans à déposer les Sels destinés, tant pour la fourniture des Greniers de ladite Province, que pour les entrepôts de Perpignan, conformement aux plan & devis qui en ont été dressés par le sieur Razeau Ingenieur en chef de laditte Ville de Perpignan, le 5. May 1733. du prix desquels ouvrages l'Entrepreneur sera payé sur les Ordonnances dudit sieur Commissaire départi par Nicolas Desboves Adjudicataire des Fermes Générales unies, auquel il en sera tenu compte sur le prix de son Bail, en rapportant ledit Arrest, & les Piéces y énoncées.

*Du* 14. *Juillet* 1733.

Arrest du Conseil, qui approuve l'Adjudication faite le 24. Mars 1733. pardevant le sieur Montanier Subdelegué du sieur de la Brisse, Conseiller d'Estat, Intendant & Commissaire départi dans la Province de Bourgogne, des réparations à faire à la maison, servant d'entrepost pour les Sels, au Parc route de Genêve, laquelle sert d'entrepost pour les Sels destinez pour les Suisses & la Ville de Genêve, montant à quatre cens vingt liv. suivant le Devis estimatif dressé par les nommez Toccavier & Rouiller, & ordonne, que du montant desdites réparations, l'Entrepreneur sera payé sur les Ordonnances dudit sieur Commissaire départi par Nicolas Desboves Adjudicataire des Fermes Generales unies, auquel il en sera tenu compte sur le prix de son Bail, en rapportant copie dudit Arrest, & les Piéces y énoncées.

Du

### *Du 4. Aoust 1733.*

* Arrest du Conseil, qui maintient le sieur Phelipeaux, en qualité d'Engagiste de Sa Majesté, du Comté de Montlhery dans le Droit de Péage par terre, dépendant dudit Comté, consistant entre autres choses, en cinq deniers par Charette chargée de Sel, & par Somme, un denier & une pite, pour en joüir, & percevoir les Droits à Montlhery, & non ailleurs.

### *Du 11. Aoust 1733.*

* Arrest du Conseil, & Lettres Patentes dudit jour, *régistrées en la Cour des Aydes, le 11. Decembre 1733.* qui dispensent les Commis & Employez des Fermes, qui ont presté serment pendant les précedens Baux, de le prêter de nouveau pendant le Bail de Nicolas Desboves Adjudicataire Genéral des Fermes; fait Deffenses aux Juges des Fermes, & à tous autres de les troubler dans leurs fonctions, pour raison de ce, à peine d'interdiction, & de tous depens, dommages & interests.

### *Du 11. Aoust 1733.*

* Arrest du Conseil, qui rétablit le sieur Rey dans la possession & joüissance des Droits de Leude, ou Péage, sur la riviere de Tarn, dans la Seigneurie de Loupiac en Languedoc, consistant entre autres choses, en six deniers par charge de Sel.

### *Du 11. Aoust 1733.*

Arrest du Conseil, qui évoque, & renvoye pardevant le sieur de Lesseville Intendant & Commissaire départi en la Genelarité de Tours, les procedures commencées en la Jurisdiction du Grenier à Sel de Laval, à l'occasion d'une Inscription de faux, formée contre un Procès Verbal des Employez des Fermes à Laval, du 24. Juillet 1733. par le nommé

Revré Gerleux, arrêté avec 50. livres de faux Sel qu'il passoit de Bretagne dans le Maine, pour être le tout jugé souverainement, & en dernier ressort, par ledit sieur Intendant.

*Du* 11. *Aoust* 1733.

Arrêt du Conseil, pour faire tenir compte à Pierre Carlier Adjudicataire des Fermes Générales unies sur le prix de son Bail, d'une somme de quarante mille cinq cens liv. par lui avancée pour le rétablissement des 22. portes marinieres, situées sur la riviere de Mayenne, depuis Laval, jusqu'à Châteaugontier.

*Du* 11. *Aoust* 1733.

Arrest du Conseil, qui ordonne à M. le Procureur Genéral de la Cour des Aydes de Dijon, d'envoyer incessamment au sieur Controlleur Genéral des Finances, les motifs d'un Arrest de ladite Cour du 17. Juillet 1733. par lequel le Fermier a été condamné aux depens, & à payer la valeur de 17. Tonnes de Moruë d'Hollande, saisies chez le sieur Moreau Marchand à Chatillon sur Seine, & dont la confiscation avoit été prononcée par Sentence du Grenier à Sel de ladite Ville, du 15. Janvier précedent, faute par ledit Marchand, d'en avoir fait déclaration à l'arrivée.

*Du* 25. *Aoust* 1733.

Arrest du Conseil, qui ordonne que par le sieur Maclot, Commissaire Genéral pour l'administration des Bois affectés aux Salines de Salins, il sera dressé Procès Verbal des quantités de Sapins necessaires pour la construction des Bâtimens à faire à une nouvelle Saline qui doit être établie dans la Ville de Lons-le-Saunier, en execution de l'Arrest du Conseil & Lettres Patentes du 2. Juin 1733. pour, sur icelui veu & examiné avec son avis, être par Sa Majesté ordonné ce qu'il appartiendra.

### Du 25. Aoust 1733.

Arrest du Conseil, & Lettres Patentes, *régistrées en la Cour des Aydes, le* 11. *Decembre* 1733. qui ordonne, qu'à commencer au premier Octobre 1733. la ville & Paroisse de Lorris, actuellement ressortissante au Grenier à Sel de Sully, ressortira au Grenier à Sel de Montargis, & que les Habitans de ladite Ville & Paroisse de Lorris, seront tenus de prendre le Sel necessaire pour leur consommation, tant de Pot & Salliere, que de grosses Salaisons audit Grenier à Sel de Montargis, en la maniere accoûtumée, & aux prix fixez par l'Ordonnance de 1680. Déclarations, Arrests, & Reglemens rendus sur le fait des Gabelles.

### Du 15. Septembre 1733.

Arrest du Conseil, qui ordonne conformement à l'Article VIII. de celui du 8. Avril 1733 que les 12 Acquereurs des 120 Offices de Conseillers du Roy, Inspecteurs, Controlleurs, & Visiteurs Generaux sur les Vins, Eaux de Vie, Liqueurs & autres Boissons, entrans dans Paris, joüiront chacun de deux Minots de Franc-salé sans payer aucuns Droits que ceux qui se payent par les Privilegiez; à l'effet de quoi ils seront employez dans l'état de Supplément des Franchises des Officiers de ladite Ville pour l'année 1733. & qu'ils continueront de l'être dans ceux des années suivantes; duquel Franc-salé il sera tenu compte à Me. Nicolas Desboves Adjudicataire des Fermes Générales unies sur le prix de son Bail.

### Du 22. Septembre 1733.

Arrest du Conseil, qui ordonne que tous les Officiers des Elections & Greniers à Sel de la Généralité de Châlons, qui auront négligé de faire enrégistrer leurs Provisions, & de prêter serment au Bureau des Finances de Châlons, seront tenus d'y satisfaire dans quinzaine du jour de la sommation qui leur sera faite, & de payer pour ce, les Droits ordinaires, à peine de radiation de leurs Gages, & de suspension de leurs Offices; & défend à tous ceux qui seront pourvûs d'Offices dans lesdites Elections & Greniers à Sel, de s'immiscer dans les fonctions de leurs Charges, sans avoir au préalable fait enrégistrer leurs provisions, & prêté serment au Bureau des Finances de ladite Généralité. Fait pareillement défenses aux Officiers des Elections & Greniers à Sels, d'admettre, & d'installer aucun desdits Officiers, qu'il ne leur soit apparu dudit enrégistrement, & prestation de serment par eux fait audit Bureau des Finances, à peine d'en demeurer responsables.

*Du 22. Septembre 1733.*

* Arrest du Conseil, qui ordonne que tous les Officiers des Elections & Depots des Sels de la Généralité de Riom, qui auront négligé de faire enrégistrer leurs Provisions, & de prêter serment au Bureau des Finances de Riom, seront tenus d'y satisfaire dans quinzaine du jour de la sommation qui leur en sera faite, & de payer pour ce, les Droits ordinaires, à peine de Radiation de leurs Gages, & de suspension de leurs Offices, & deffend à tous ceux qui seront pourvûs d'Offices dans lesdites Elections & déposts des Sels, de s'immiscer dans les fonctions de leurs Charges, sans avoir au préalable, fait enrégistrer leurs Provisions, & prêté serment au Bureau des Finances de laditte Généralité; Fait pareillement défenses aux Officiers desdites Elections & Déposts des Sels, d'admettre & d'instaler aucun desdits Officiers, qu'il ne leur soit apparu dudit Enrégistrement & prestation de Serment par eux fait audit Bureau des Finances, à peine d'en demeurer responsables.

# FIN.

# TABLE
## DES
## EDITS, DECLARATIONS, ORDONNANCES, ARRESTS, ET REGLEMENS

*CONCERNANT*

## LES AYDES ET DROITS Y JOINTS.

Rendus pendant la cinquiéme année du Bail de M^e^ NICOLAS DESBOVES.

*Commencée le premier Octobre* 1732. *& finie le dernier Septembre* 1733.

A PARIS;
Chez PIERRE PRAULT, Imprimeur des Fermes du Roy; Quay de Gêvres au Paris.

M. DCC. XXXV.

# TABLE

## DES EDITS, DECLARATIONS, ARRESTS ET REGLEMENS,

Rendus pendant la premiere année du Bail de Me NICOLAS DESBOVES.

*Commencée le premier Octobre 1732, & finie le dernier Septembre 1733.*

Concernant les Aydes, Entrées, Pied-fourché & Droits y joints; Papier & Parchemin timbrés; Domaine & Barrage & Poids-le-Roy, Domaines de Flandres; Marque d'Or & d'Argent; Marque des Fers; Impôts & Billots de Bretagne; Droits sur le Poisson; Droits rétablis aux Entrées & sur les Ports, Quays, Halles, Places & Marchés de la Ville & Fauxbourgs de Paris; & alienés aux Officiers créés par Edit du mois de Juin 1730. Inspecteurs aux Boucheries & des Boissons; Courtiers, Commissionnaire & Jaugeurs de Futailles; Droits appartenans à la Ville de Paris, à l'Hôpital General & à l'Hôtel-Dieu, &c.

*Du 31 May 1730.*

ARREST du Conseil, portant qu'il sera fait un nouveau Bail des Fermes Generales-Unies, aux Cautions de Pierre Carlier, actuellement Adjudicataire desdites Fermes, pour six années, à commencer du premier Octobre 1732, pour les Gabelles, Cinq

*AYDES.*

Grosses Fermes, Aydes, Entrées, & Droits y joints; & du premier Janvier 1733, pour les Domaines, Controlle des Actes, Amortissemens, Francs-Fiefs, Nouveaux Acquets, Droits reservés & autres y joints.

*Du 31 May 1730.*

Resultat du Conseil, portant Bail des Fermes Generales-Unies aux Cautions de Pierre Carlier, sous le nom de Nicolas Desboves, aux prix, charges, clauses, conditions, & pour les temps portés, tant audit Resultat, que par l'Arrest du Conseil du même jour.

*Du 19 Septembre 1730.*

Arrest du Conseil, qui distrait & désunit des Baux des Fermes Generales, faits à Pierre Garlier & Nicolas Desboves, les Droits Rétablis, faisant partie de ceux énoncés dans le Tarif général des Droits attribués aux Officiers & Communautés sur les Quays, Chantiers, Halles, Foires, Places & Marchés de la Ville, Fauxbourgs & Banlieuë de Paris, par l'Edit du mois de Juin 1730, soit qu'ils ayent été sous-fermés ou abonnés, ou qu'ils soient actuellement regis par ledit Pierre Carlier.

*Du 29 May 1731.*

Arrest du Conseil, qui liquide l'indemnité dûë à Nicolas Desboves, à la somme de quatre millions de livres, pour chacune des six années de son Bail, à commencer du premier Octobre 1730, de laquelle somme sera fait fonds dans la dépense des Etats de Sa Majesté, de chacune desdites six années, & icelles passées & allouées sans difficulté dans les Etats au vray & Comptes que ledit Desboves rendra au Conseil, & en la Chambre des Comptes de Paris, du prix de son Bail desdites six années, & ce pour lui tenir lieu des Droits distraits des Fermes Generales, & attribués aux Officiers, créés par Edit de Juin 1730.

*Du 3. Aoust 1732.*

* Declaration du Roy, *registrée en Parlement, Chambre des Comptes & Cour des Aydes*, les 3. 13. & 19. Septembre 1732. qui proroge pendant six années, à commencer au premier Octobre 1732. la levée & perception des Droits du doublement du Domaine & Barrage; Poids-le-Roy, & quatre sols pour livre des Droits des Fermes; Courtiers Jaugeurs; Inspecteurs aux Boucheries & aux Boissons, & autres differens Droits y énoncés: & ordonne la suppression ou moderation d'une partie desdits Droits, *contenant trois Articles.*

*Du 9. Septembre 1732.*

* Arrest du Conseil, pour la prise de possession du Bail des Fermes Generales-unies, sous le nom de Me Nicolas Desboves, pendant six années, à commencer du premier Octobre 1732. pour les grandes & petites Gabelles, Cinq Grosses Fermes, Aydes, Papier & Parchemin timbrés, des Provinces où les Aydes ont cours, & autres Droits y joints; & du premier Janvier 1733. pour les Domaines de France, Controlle des Actes des Notaires, Petits Scels, Insinuations, Centiéme Denier, Greffes, Amortissemens, Franc-Fiefs & Droits y joints.

Permet audit Desboves de se servir des Timbres qui sont actuellement en usage.

Dispense les Employés de prêter nouveau serment, & regle les Droits d'enregistrement, tant dudit Arrest que ceux de reception & prestation de Serment desdits Employés.

*Du 23. Septembre 1732.*

* Arrest du Conseil, qui continuë pendant les six années du Bail de Nicolas Desboves, commencé le premier Octobre 1732. les abonnemens cy-devant faits dans plusieurs Provinces & Généralités du Royaume, pour tenir lieu des Droits de Courtiers Jaugeurs, & de ceux d'Inspecteurs aux Boucheries & aux Boissons.

*Du 23. Octobre 1732.*

* Ordonnance de Messieurs les Prevost des Marchands & Eschevins de la Ville de Paris ; qui fait défenses de placer au Port de la Rappée d'autres Batteaux que ceux chargés de Vins & Eaux-de-Vie ; & enjoint à tous Marchands, Voituriers & autres Proprietaires de Batteaux, chargés de Thuilles & autres Marchandises, ou qui sont vuides, de les en retirer dans le jour, & les placer aux endroits qui leur seront indiqués, &c.

*Des 25. Octobre & 18. Novembre 1732.*

* Ordonnances de Police, qui condamnent François Nibault, Rotisseur, en cinquante livres d'amende, & en pareille somme de cinquante livres de dommages interests, & aux dépens liquidés à dix livres quinze sols, pour avoir troublé les Commis des Officiers Vendeurs de Volaille & Gibier, dans l'exercice de leurs Fonctions.

*Du 4. Novembre 1732.*

Arrest du Conseil, qui ordonne que la somme de deux cent soixante quatre mille livres, à laquelle monte l'abonnement des Droits de Courtiers Jaugeurs, & Inspecteurs aux Boissons, de la Province de Dauphiné, sera imposée en trois années, à commencer en celle de 1733. à raison de quatre-vingt huit mille livres par an, y compris les Deux Sols pour livre sur tous les Habitans de ladite Province, soit Ecclesiastiques nobles, ou Roturiers, exempts & non exempts, privilegiés & non privilegiés, suivant la repartition qui en sera faite par le Sieur Intendant de ladite Province, au marc la livre de l'estime de leurs Fonds, pour être ladite imposition payée d'année en année dans les mêmes termes que les deniers de la Taille ; & que les sommes qui en proviendront, seront remis par les Collecteurs aux Receveurs de chaque Election, lesquels les remettront aux Receveurs Généraux de ladite Province, qui en feront les payemens à Nicolas Desboves ;

Adjudicataire des Fermes Generales unies ; ses Procureurs ou Préposés, & que les Officiers qui procederont à la confection des Rolles desdites impositions, ne pourront se taxer ni prendre que la moitié des Droits qui leur sont attribués par les Reglemens ; & qu'outre ladite somme de deux cent soixante quatre mille livres, il sera imposé un sol pour livre du montant d'icelle, pour les frais du recouvrement, dont quatre deniers appartiendront aux Collecteurs des Tailles quatre aux Receveurs des Tailles, & les quatre autres deniers, aux Receveurs Generaux des Finances.

*Du 11. Novembre 1732.*

Arrest du Conseil, qui déboute les nommés Henry & Thomas Gromand freres, Marchands de Vin, de l'opposition par eux formée à l'Arrest du 8. Juillet 1732. Ordonne que ledit Arrest sera executé selon sa forme & teneur ; ce faisant, qu'ils seront tenus de remettre entre les mains de Pierre Carlier, Adjudicataire des Fermes Generales-unies, ou ses Commis, cent trente-cinq feüillettes de vin sur eux saisies & confisquées, par Procès verbal du 4. Mars précedent, & à faute de ce faire huitaine après la sommation qui leur en sera faite, ils seront contraints par les voyes ordinaires, à payer audit Carlier la somme de quatre mille cinquante livres, à laquelle a été évaluée la valeur desdits vins, outre l'amende de cent livres, prononcée par ledit Arrest, & les dépens faits en l'Election, qui seront liquidés par les Officiers en cas de contestation, & les condamne au coust dudit Arrest, liquidé à quarante-cinq livres, le tout pour avoir fait en même temps la Commission & la Marchandise.

*Du 11. Novembre 1732.*

Arrest du Conseil, qui permet à Nicolas Desboves, Adjudicataire des Fermes Génerales-unies, de faire proceder à l'inventaire & marque des Vins dans la Paroisse de Sergy, & dans les Hameaux du Marais de Jancy, & autres dépendans de ladite Paroisse, en la forme prescrite par le Titre des Inventaires & récollemens de l'Ordonnance des Aydes du mois de Juin 1680. Enjoint aux Habitans de ladite Paroisse & Hameaux, de souffrir ledit Inventaire, & à ceux desdits Habitans de Sergy, qui auront des Vignes situées tant sur la Paroisse de Lieux, que dans d'autres Paroisses aussi non sujettes au Gros, de fournir au Fermier, quinzaine après ledit Inventaire, une declaration signée d'eux ou d'un Notaire, contenant par tenans & aboutissans les Vignes qu'ils ont fait valoir tant sur la Paroisse de Lieux qu'ailleurs, à l'effet de connoistre la quantité de Vin qu'ils auront pû recüeillir sur le finage de la Paroisse de Lieux, & des autres endroits exempts, eû égard à la quantité de leurs vignes, & à la totalité de leurs recoltes: Permet au Fermier, faute de payement des Droits de Gros, Augmentation, Jauge & Courtage, de décerner ses contraintes dans la forme ordinaire; sçavoir, contre les Habitans de la Paroisse de Lieux, pour la totalité des Vins qu'ils auront recüeillis dans ladite Paroisse, & fait transporter hors d'icelle, & contre les Habitans de la Paroisse de Sergy, & autres Paroisses exemptes, pour les Droits de la moitié seulement, des Vins qu'ils auront recueillis dans le finage de ladite Paroisse de Lieux, & ce conformément aux Articles III. & V. du Titre des Droits de Gros sur les Vendanges.

*Du* 11. *Novembre* 1732.

Arrest du Conseil, qui rétablit les Fonctions du Procureur General de la Marée, nonobstant les défenses portées par celui du 24. Septembre 1719. & en conséquence, remet les Droits & Fonctions dudit Office en tel & semblable état qu'elles étoient avant les Arrests des 24. & 27. Septembre 1719. sans néanmoins que ceux qui seront pourvûs dudit Office, puissent rien prétendre sur le produit des deux deniers de la Marchandise de Marée, qui étoient affectés au payement de ses Gages & Emolumens, lesquels demeureront éteints & supprimés.

*Du 15. Novembre 1732.*

* Ordonnance de Messieurs les Prevôt des Marchands & Eschevins de la Ville de Paris. Qui fait défenses à toutes personnes d'acheter sur les Ports & dans les Chantiers de ladite Ville & Fauxbourgs, aucuns Bois à brûler, pour les faire sortir desdites Ville & Fauxbourgs, à peine de confiscation desdits Bois contre l'acheteur, & de deux cent livres d'amende, &c.

*Du 2. Decembre 1732.*

* Declaration du Roy, *registrée en Parlement le 20. Decembre* 1732. qui ordonne que pendant le courant de l'année 1733. il sera perçû au profit de l'Hôpital Général de Paris, dix sols par chaque voye de Bois à brûler, & deux sols par chaque voye de Charbon de bois qui seront vendus sur les Ports, Quays & Chantiers de ladite Ville de Paris, lesdits Droits payables, sçavoir moitié par les Marchands de Bois & de Charbon, & l'autre moitié par les Acheteurs, &c.

*Du 2. Decembre 1732.*

* Arrest du Conseil, qui ordonne que les Sous-Baux & Abonnemens des Droits de Marque d'Or & d'Argent, faits par les Sous-Fermiers des Baux précedens, finis le dernier Septembre 1732. seront continués & executés pendant le cours de celui fait à Cottin, par Nicolas Desboves, Adjudicataire des Fermes Generales, à commencer du premier Octobre 1732. aux mêmes prix, charges & conditions portées par lesdits Abonnemens & Arriere-Baux.

*Du 2. Decembre 1732.*

Arrest du Conseil, qui casse une Sentence des Elûs de Paris, du quatre Octobre 1732. ordonne que l'Article II. du Titre VII. des Abonnemens de l'Ordonuance de 1680.

sera executé selon sa forme & teneur, & que conformément à icelui, Paul Boux, tenant l'Hôtellerie du Marché de Sceaux, sera tenu de souffrir les visites, exercices & marques des Commis, sur les Vins qu'il fera arriver dans son Hôtellerie, tout ainsi que les autres Hôtelliers & Cabaretiers, à peine de cent livres d'amende, & ce nonobstant l'abonnement ou fixation de la somme qu'il paye annuellement au Fermier, pour tenir lieu des Droits de détail sur les Vins qu'il débite dans son Hôtellerie.

*Du 9. Decembre 1732.*

* Arrest du Conseil, qui fixe à cinq sols par Rame, le Droit qui sera perçû par les Officiers, Controlleurs, Visiteurs & Marqueurs de Papiers & Cartons, sur le Papier grand raisin simple, du poids de trente livres & au-dessous, & à dix sols par rame celui du grand raisin double, au-dessus du poids de trente livres.

*Du 16. Decembre 1732.*

* Arrest Contradictoire du Conseil, qui donne Acte aux douze & vingt-cinq Marchands de Vin Privilegiés à la suite de la Cour, de leur declaration, qu'ils ne prétendent aucune exemption des Droits sur les Bierres, Cidres & autres Boissons, autres que le Vin; & sans s'arrêter à l'Arrest du Conseil du dernier Mars 1699. & au surplus de leurs conclusions dont ils sont déboutés. Ordonne qu'ils seront tenus de payer les Droits d'anciens & nouveaux Cinq sols; de premiere moitié d'Octrois à l'entrée, & de Jauge & Courtage, & les quatre sols pour livre desdits Droits; ceux d'Inspecteurs aux Boissons & deux sols pour livre d'iceux, ensemble les Droits de Courtiers Jaugeurs, de tous les Vins qu'ils ont fait entrer, vendre & débiter en la Ville de Compiegne, pendant le séjour de Sa Majesté, ou qu'ils feront entrer, vendre & débiter à l'avenir dans ladite Ville ou dans les autres lieux où lesdits Droits se perçoivent. Ordonne à cet effet, que les contraintes du Fermier seront executées conformément à l'Arrest du Conseil du 17. Octobre 1730. à la

la charge néanmoins que les Droits qu'ils auront payés pour les Vins qui n'auront pas été consommés pendant le séjour de Sa Majesté, & qu'ils feront sortir de ladite Ville de Compiegne & autres Lieux, leur seront rendus & restitués, sans qu'ils puissent être contraints au payement du Droit annuel, pour les Vins & autres Boissons qu'ils pourront vendre & débiter dans lesdits Lieux.

*Du 16. Decembre 1732.*

* Arrest du Conseil, qui autorise les nouveaux Fermiers des Domaines, Controlle des Actes, & Formules des Géneralités de Toulouse, Montpellier, Montauban, Grenoble, Metz, Perpignan & Pays de Foix, à faire distribuer & vendre, à commencer du premier Janvier 1733. des Papiers & Parchemins marqués des nouveaux Timbres.

Fait défenses sous les peines portées par les Reglemens, de se servir, à commencer du jour de la publication de l'Arrest, des Papiers & Parchemins, marqués du précedent timbre.

Et ordonne que pendant les mois de Janvier & Fevrier, ceux qui auront des Papiers & Parchemins de l'ancien Timbre, pourront les rapporter aux Bureaux des Fermiers, où il leur sera fourni sans frais autant de Papiers & Parchemins du nouveau timbre.

*Du 16. Decembre 1732.*

* Arrest du Conseil, qui ordonne l'execution de ceux des 11. Septembre 1731. & 19. Fevrier 1732. en conséquence, condamne les Sieurs Pestel, Gauteille, Viard, Bonnet, Aviat, Duries & le Boistel, Receveurs des Tailles, à prendre chacun douze quittances en Papier timbré pour chacune Paroisse, dont leur Election est composée, & d'en payer le prix du Timbre, & ce pour l'année de leur exercice, commencée au premier Janvier 1732. & de continuer à l'avenir; & pour leur refus & contravention, les condamne chacun en trois cent livres d'amende; leur fait défenses de récidiver sur plus grandes peines, au payement desquelles sommes tant pour le prix du Timbre desdites Quittances que pour ladite

amende, lesdits Receveurs des Tailles seront chacun à leur égard contraints comme pour les propres deniers & affaires de Sa Majesté.

*Du 30. Decembre 1732.*

Arrest du Conseil, qui ordonne que toutes les fois que les Marchands de Foin à Paris, auront besoin de retourner les Batteaux à eux appartenans, ils seront tenus d'en avertir les Officiers ou Commis Planchéeurs-Débacleurs, Commissaires au nettoyement des Ports, Pavés, Gardes-Batteaux & Metteurs à Port, à l'effet de faire le retournage desdits Batteaux, & de percevoir les Droits à eux attribués; pour raison de quoy il sera payé par lesdits Marchands six livres par chaque Batteau chargé de Foin, conformément au Tarif du 8. Aoust 1690; Fait défenses aux nommés Villards, Moynat & Consors, & à toutes autres personnes d'entreprendre sur les Fonctions desdits Officiers, à peine de cent livres d'Amende pour chacune Contravention, & à tous marchands Voituriers & autres, de faire, ni faire faire lesdites Fonctions sous les mêmes peines, & de confiscation des Batteaux, Equipages & Ustensiles d'iceux, conformément aux Edits & Reglemens rendus à ce sujet.

*Du 6 Janvier 1733.*

* Arrest du Conseil, qui déboute les nommés Ozanne & Voisembert, Chaircuitiers à Sezanne, de l'opposition par eux formée à l'Arrest du Conseil du 23 Octobre 1731, par lequel, en confirmant un Artrest de la Cour des Aydes, qui les assujettit aux Droits d'Entrées sur le Poisson de Mer ou Salines, les a condamné chacun en cent livres d'amende, faute par eux d'avoir fait déclaration desdites Salines à l'entrée: en conséquence ordonne que ledit Arrest sera executé selon sa forme & teneur, & condamne les Opposans au coût de l'Arrest de débouté, liquidé à soixante livres.

*Des 26 Aoust 1732, & 10 Janvier 1733.*

* Ordonnances de Monsieur le Lieutenant General de Police, qui déboutent Pierre Berthelemy, Pierre-Antoine Gidouin, André Lucas, & autres Marchands Forains de Veaux, de leurs demandes, à ce qu'ils fussent maintenus dans la liberté qu'ils prétendoient avoir d'escompter ou faire escompter par leurs Facteurs ou Commissionnaires, les Billets des Bouchers, & les condamnent aux dépens.

Et ordonnent l'execution de l'Edit du mois de Septembre 1719, & des Arrests du Conseil des 19 Mars 1724. & 22 Avril 1732; & en consequence font défenses à Pierre Girard, aux nommés Claude pere, Cointereau, Nardy, veuve le Bel, Royer, Pigeon, Nardy, & à tous autres Facteurs & Commissionnaires à la Place aux Veaux, même à toutes autres personnes de quelque qualité & condition qu'elles soient, de prêter ou avancer directement ni indirectement aucuns deniers aux Marchands Forains de Veaux, pour le montant du prix des Marchandises qu'ils ameneront sur le Carreau de la Place aux Veaux, à peine de trois mille livres d'Amende, portés par lesdits Edit & Arrests.

*Du 13 Janvier 1733.*

* Arrest du Conseil, rendu en interprétation de l'Edit du mois de Juin 1730, concernant les Droits de Marc-d'Or, Huitiéme denier, Prêt, Annuel & frais de Provision qui doivent être payés par les anciens & nouveaux Acquereurs des Offices créés sur les Ports, Quays, Chantiers, Halles, Places, Foires & Marchés de la Ville, Fauxbourgs & Banlieuë de Paris, avec les Rolles arrêtés en consequence au Conseil pour fixer lesdits Droits.

*Des 15 Janvier 1733 & 17 Fevrier 1734.*

* Sentence de l'Election, & Arrest de la Cour des Aydes, rendus entre le Fermier de la Marque d'Or & d'Argent, &

les Orfévres de Saint Germain en Laye, qui décident qu'un Orfévre abonné pour les Droits de Marque & Controlle de tous les Ouvrages d'Or & d'Argent qu'il fera & vendra pendant son Abonnement, doit à l'expiration dudit Abonnement, les Droits des Ouvrages qui se trouveront pour lors chez lui.

*Du 20 Janvier 1733.*

* Arrest contradictoire de la Cour des Aydes, qui déclare Jacques Imbault, Laboureur, non recevable à se pourvoir contre un Accommodement par lui fait sur un Procès verbal de Fraude, contre lequel il avoit pris des Lettres de Rescision; le condamne aux dépens des causes d'appel & demandes, & & en l'Amende de douze livres.

*Des 3 & 24 Fevrier 1733.*

* Arrest du Conseil & Lettres Patentes, *Registrées en la Cour des Aydes le 26 Mars* 1733, qui ordonnent que les Affirmations des Procès verbaux des Commis des Fermes, seront valables, pourvû que l'Acte qui les contiendra, soit signé du Juge devant lequel elles auront été faites, de quelque main que ledit Acte soit écrit.

*Du 3 Fevrier 1733.*

* Arrest du Conseil, qui ordonne aux Officiers des Elections, lorsqu'ils jugeront les Procès verbaux des Commis nuls, & qu'ils débouteront le Fermier de ses demandes, d'expliquer sommairement les motifs de leurs Jugemens.

Condamne cinq Particuliers en chacun cent livres d'amende, qui avoient été moderées, à la confiscation des choses saisies, & aux dépens.

Condamne pareillement les Officiers de l'Election de Vernon, à rendre & restituer les Epices par eux reçûes sur huit Sentences, à l'exception du Droit de quinze sols qui leur eſt attribué pour le coût de chacune d'icelles.

Leur enjoint de ſe conformer aux Ordonnances & Reglemens ; de juger les Cauſes à l'Audience ou ſur déliberé ſans Epices, ni plus grandes Vacations que quinze ſols par Sentence diffinitive ; leur défend de les appointer, ſi ce n'eſt dans les cas expliqués par la Déclaration du 30 Janvier 1717.

Ordonne que l'Arreſt ſera enregiſtré ſans frais en ladite Election de Vernon, & dans toutes les autres de la Province de Normandie.

*Des 3 Fevrier & 7 Avril 1733.*

* Arreſts du Conſeil, par le premier deſquels le Conſeil a caſſé une Sentence des Officiers de l'Election de Paris, qui avoit jugé les Contraintes décernées par Pierre Carlier, Fermier Général, contre les Habitans de la Paroiſſe de Saint Cloud, pour le Gros des Vins manquans des Inventaires 1727, 1728 & 1730, nulles, & déchargé les Habitans des Droits y contenus, ſur le fondement que les quantités de Vins & les ſommes y avoient été employées en chiffres ; qu'elles n'avoient point été ſcellées avant leur execution, & que les publications & ſignifications qui avoient été faites des Contraintes ſe trouvoient vicieuſes ; ordonne que ledit Carlier pourra, en vertu deſdites Contraintes, faire de nouvelles demandes du payement des Droits y contenus, dans la forme preſcrite par la Declaration du mois de Septembre 1684, pouvû que ce ſoit dans le courant du Bail, & des ſix mois qui ſuivent ſon expiration, conformément à l'Article XXXIV. du Titre Commun pour toutes les Fermes. Et par ſe ſecond, leſdits Habitans ſont déboutés de leur oppoſition à l'execution du premier : Et ordonne qu'à l'avenir le Fermier après avoir tiré en chiffres dans ſes Contraintes du Gros manquant, les déductions qui doivent être faites aux Redevables, & tiré auſſi en chiffres les ſommes par eux dûës ; repetera leſdites ſommes en toutes lettres, & les tirera hors lignes.

*Du 7. Fevrier 1733.*

* Ordonnance de Police, qui déclare bonne & valable une saisie de treize Dindes, faite sur le nommé Du Verger, Fourgonnier de la Messagerie de Tours, au profit des Officiers de la Volaille, & le condamne en cinq cent livres d'amende, moderée par grace à vingt livres ; en conséquence fait défenses à tous Cochers, Postillons & autres Conducteurs de Carosses, Coches, Messageries & autres Voitures publiques, de vendre & débiter des Marchandises de Volaille entrées dans les anciennes bornes & limites, ailleurs que sur le Carreau de la Vallée, à peine d'emprisonnement, & le condamne aux dépens.

*Du 24. Fevrier 1733.*

* Arrest du Conseil, qui fait défenses à tous Officiers, Juges de Police, Gentilshommes & autres personnes, d'empêcher les Chasse-Marées, d'acheter librement le Poisson dont ils auront besoin pour la provision de Paris, & de les troubler dans le transport de cette Marchandise, à peine de trois mille livres d'amende.

*Du 26. Fevrier 1733.*

* Ordonnance de Monsieur l'Intendant de la Generalité de Paris, qui en execution de l'Ordonnance de 1680. de la Declaration du Roy de 1688. de l'Edit d'Octobre 1705. & de l'Arrest du Conseil du 24. May 1729. condamne les Habitans des Hameaux & Ecarts de la Ville de Dreux, au payement des Droits d'anciens & nouveaux cinq sols, & d'Inspecteurs aux Boissons sur les Vendanges par eux recueïllies sur le Terroir de ladite Ville, & transportées en leur domicile dans lesdits Hameaux & Ecarts non sujets aux Droits d'entrée ; & en conséquence leur défend de transporter à l'avenir dans leur Domicile les Vendanges qu'ils recüeilleront sur le territoire de ladite Ville, sans au préalable en avoir

fait déclaration au Bureau du Fermier, avec soumission d'en payer les Droits d'Entrée, dûs après la Saint Martin d'hyver, à peine de confiscation & de trois cent livres d'amende, conformément à l'Edit d'Octobre 1705.

*Du* 3. *Mars* 1733.

Arrest du Conseil, qui donne acte aux Habitans de Sergy; de la déclaration par eux faite dans leur Acte d'Assemblée du 25. Novembre 1732, de la quantité des Vignes possedées par aucuns des Habitans de ladite Paroisse, dans l'étenduë du Territoire de la Paroisse de Lieux; Ordonne qu'il sera surcis à l'execution de l'Arrest du 11. Novembre de ladite année, pour raison de l'Inventaire des Vins dans ladite Paroisse, ordonné par ledit Arrest, à la charge par lesdits Habitans de fournir toutes les années dans le mois, à compter du jour de l'ouverture des Vendanges, au Bureau du Fermier, une déclaration signée de leurs Syndics ou Marguilliers, contenant les Vins recuëillis par chaque Habitant & ceux qui resteront à chacun d'eux, des récoltes des années précedentes, laquelle déclaration ledit Fermier pourra faire vérifier en cas de soupçon de fraude.

*Du* 20. *Mars* 1733.

* Sentence de M. le Bailly de Versailles, qui confisque avec amende & dépens, sur plusieurs Bouchers de Versailles, des morceaux de Viandes; leur fait défense & aux Chaircuitiers de ladite Ville, de plus à l'avenir acheter ni faire acheter des Marchands Forains, aucuns morceaux de Viande de Boucherie, Porc frais ou salés, soit dans la Place publique ou ailleurs, à peine de confiscation & de cent livres d'amende. Fait défenses ausdits Forains sous pareilles peines, d'en vendre ausdits Bouchers & Chaircuitiers; leur enjoint d'en faire la Vente au Public, aux Marchés & endroits qui leur seront à cet effet destinés.

Du 20. *Mars* 1733.

* Arrest du Parlement de Paris, qui ordonne l'execution de l'Edit du mois de May 1708. & des Lettres Patentes du Roy du 6. Mars 1731. registrées en la Cour, concernant la forme des déclarations qui doivent être faites du Poisson d'eau douce, à son arrivée à Paris.

Du 31. *Mars* 1733.

* Arrest du Conseil, qui ordonne que les Lettres de Provisions qui seront expediées au profit des Officiers sur les Ports, Quays, Halles & Chantiers de la Ville, Fauxbourgs & Banlieuë de Paris, conformément à l'Arrest du 13. Janvier 1733, seront scellées nonobstant la surannation du Controlle des Quittances de Finance.

Du 31. *Mars* 1733.

* Arrest du Conseil, & Lettres Patentes sur icelui, *registrées au Parlement le 9. May* 1733. qui ordonnent que 1102. Offices créés & rétablis par Edit du mois de Juin 1730. ensemble les Droits y attribués par le Tarif attaché sous le contre-scel dudit Edit, seront & demeureront réünis au nombre de 120. Offices, sous le titre de Conseillers du Roy, Inspecteurs-Controlleurs & Visiteurs Géneraux des Vins, Eaux de-Vie, Liqueurs & autres Boissons, *contenant quatre Articles.*

Du 14. *Avril* 1733.

Arrest du Conseil, qui évoque une instance pendante en la Prevôté de l'Hôtel, sur une Assignation du 2. Mars précedent, donnée à Jean Cosson, Commis Buraliste à Carriere Sous-Bois, à la Requeste du Sieur Bailly, Marechal des Logis des Gardes du Corps de la Compagnie d'Harcourt; fait défenses aux Parties de faire des poursuites ailleurs qu'au Conseil, à peine de nullité, & en conséquence ordonne qu'elles qu'elles remettront leurs Requêtes & Pieces au Sieur Controlleur General des Finances, pour à son rapport être par Sa Majesté ordonné ce qu'il appartiendra.

*Du 21 Avril 1733.*

* Arrest du Conseil, qui ordonne qu'en remettant au Garde du Tresor Royal, par les Proprietaires des Rentes sur les Aydes & Gabelles, sur les Tailles, ou Interêts au denier cinquante, des Contrats ou Quittances de Finance, déchargées du Controlle & des Etats du Roy, avec leurs Quittances de Remboursement en forme; les Certificats des Payeurs des Rentes sur l'Hôtel de Ville, que les parties de Rentes sont éteintes du premier Janvier 1733, les mentions faites par les Notaires, dépositaires des Minuttes des Contrats, le Certificat des Conservateurs des Hypoteques, & le Certificat de deux des Cautions de Remy Barbier, il leur sera, conformément à l'Arrest du 19 Fevrier 1732, délivré pour valeur de leur remboursement des Recepissés à la décharge du Tresorier des Parties Casuelles, qui seront timbrés, *Rentes, Janvier* 1733, pour être employés en Acquisition des Offices créés sur les Ports & Quays, par l'Edit du mois de Juin 1730, &c.

*Du 5 May 1733.*

* Arrest du Conseil, qui déboute les Habitans de plusieurs Paroisses de l'Election de Paris, des oppositions par eux formées à l'execution des Contraintes décernées par Pierre Carlier, Fermier General, pour les Droits de Gros, Augmentation, Jauge & Courtage, des Vins manquans à déprier de leurs Inventaires; & ordonne que lesdites Contraintes seront executées nonobstant les moyens par eux proposés.

*Du 19 May 1733.*

* Arrest du Conseil, qui casse & annulle deux Sentences de l'Election de Paris, des 16 Mars 1731 & 30 Avril 1732; la premiere, en ce qu'elle avoit ordonné qu'il seroit nommé des

Experts pour dresser Procès verbal de l'état des pieces d'or saisies, à l'effet de constater si elles étoient de nature à souffrir l'Empreinte du Poinçon de la Ferme, ou non; la seconde, en ce qu'elle n'avoit condamné Nicolas Larcher, Marchand Mercier-Joüaillier, qu'en une seule Amende de cent livres; Et sans s'arrêter aux deux Arrests de la Cour des Aydes, des 23 Janvier 1732, & 20 Fevrier 1733. Permet au Fermier de continuer à envoyer ses Commis en visite chez les Lapidaires-Joüailliers, faisant commerce d'or & d'argent, toutes fois & quantes il le jugera à propos; declare tous les Ouvrages d'or saisis sur ledit Larcher, acquis & confisqués au profit du Fermier, ou la juste valeur, en cas que les Gardiens d'iceux, ayent été contraints de les rendre; condamne lesdits Larcher & des Feves en cent livres d'Amende pour chaque piece; Condamne pareillement la Communauté des Lapidaires-Joüailliers, & lesdits des Feves & Larcher chacun en ce qui les concerne, en tous les Dépens faits, tant à l'Election qu'en la Cour des Aydes, même à la restitution de ceux que le Fermier pourroit avoit été contraint de leur payer.

*Du 19 May 1733.*

* Arrest du Conseil, qui homologue la Déliberation passée le 15 desdits mois & an, par la Communauté des Conseillers du Roy, Inspecteurs sur les Vins, Eaux-de-Vie, Liqueurs & autres Boissons entrant dans Paris, à l'effet d'emprunter une somme de trente-deux millions deux cens mille livres à constitution de Rentes sur ladite Communauté; & que huit Duplicata dudit Arrest, seront déposés chez huit Notaires du Châtelet de Paris.

*Du 19 May 1733.*

* Arrest du Conseil, qui ordonne l'execution de celui du 24 Aoust 1728, & des Lettres Patentes expediées le même jour, & en les interpretant, fait défenses à ceux qui acheteront des Eaux-de-Vie des Détailleurs, dans des Vaisseaux dont la contenance sera au dessous de soixante pintes, mesure de Paris, d'en faire l'enlevement avant d'en avoir fait la déclaration au

Bureau du Fermier du lieu de l'achat, ou le plus proche d'icelui, s'il n'y en a pas dans ledit lieu; laquelle déclaration contiendra la quantité d'Eau-de-Vie achetée, le nom, la qualité & la demeure du Vendeur, ainsi que le nom de l'Acheteur, & le lieu de la destination, dont il lui sera donné, sans autre frais que celui du papier timbré, un Congé qu'il sera tenu de representer aux Commis lors de leurs Visites & Exercices, à peine de cent livres d'Amende & de confiscation.

*Du 19 May 1733.*

* Arrest contradictoire de la Cour des Aydes, qui confirme avec amende & dépens, une Sentence des Officiers de l'Election de Clamecy, du 6 Juin 1732, par laquelle le nommé Jean Dessous de la Lande, & Marie Thierriat sa femme, ont été déboutés de leur Inscription de faux, contre un Procès verbal des Commis aux Aydes de l'Election de Clamecy, du 2 May 1730; & condamnés solidairement en l'Amende de cent vingt livres, à faire reparation aux Commis, en cinquante livres de dommages & interêts envers lesdits Commis, en la confiscation des choses saisies par ledit Procès verbal, & en l'Amende de cent livres & aux dépens.

*Du 2 Juin 1733.*

* Arrest du Conseil, qui revoque celui dudit Conseil du 27 Mars 1708, ordonne l'execution des Reglemens rendus concernant la perception des Droits de Courtiers-Jaugeurs, & en consequence condamne les Abbé, Prieur & Religieux de l'Abbaye de Clervaux, à payer à l'avenir lesdits Droits de Courtiers-Jaugeurs, pour les Vins & autres Liqueurs qu'ils enleveront de leur Ferme de Morvaux, du Cellier & autres, pour être transportés dans ladite Abbaye, même pour leur consommation.

*Du 9 Juin 1733.*

Arrest du Conseil, qui commet le Sieur de Lesseville

Intendant & Commissaire departi en la Généralité de Tours, pour instruire & juger en dernier ressort, avec tel Presidial, ou avec le nombre de Gradués requis par l'Ordonnance qu'il voudra choisir, le Procès commencé devant le Sieur de la Place, Subdelegué dudit Sieur Intendant, contre les nommés Urbain & Jean Moulineau, freres, & le fils dudit Urbain Moulineau, Habitans de l'Isle Saint Jacques, à l'occasion d'une saisie de deux Poinçons de Vin qu'ils vouloient introduire dans ladite Ville de Tours, en fraude des Droits d'Entrée, & qu'ils ont jettés dans la Riviere de Loire, à l'approche des Commis des Aydes, & avoir fait Rebellion ausdits Employés.

*Du 9 Juin* 1733.

Arrest du Conseil, portant qu'il sera expedié au profit des Cautions de Remy Barbier, chargé de la Regie des Droits attribués aux Offices créés & rétablis aux Entrées & sur les Ports, Quays, Halles & Marchés de la Ville de Paris, par Edit du mois de Juin 1730, & de la vente desdits Offices, une Ordonnance sur le Tresor Royal de la somme de deux millions cent quatre-vingt six mille neuf cent vingt-trois livres huit sols cinq deniers, à laquelle montent les joüissances des Droits allienés & payées ausdits Offices, au fur & mesure des Acquisitions par eux faites desdits Offices & Droits, conformément au Resultat du Conseil du 5 Septembre 1730, aux Arrests des 13 Fevrier & 9 Octobre 1731, & à l'Etat general des Alienations faites desdits Droits, &c.

*Du 13 Juin* 1733.

* Arrest de la Cour des Aydes de Paris, qui permet au Capitaine & au Roy de l'Oiseau de l'Arquebuse de Laon, de ceder, même à des Cabaretiers & Aubergistes, leur Exemption du Droit de Huitiéme, chacun sur quarante pieces de Vin par an, si mieux n'aiment les Adjudicataires dudit Droit, leur payer à chacun la somme de trois cent livres par an, & qui condamne les Maires & Echevins, ensemble les anciens

& nouveaux Adjudicataires, en tous les dépens du Procès.

*Du 30. Juin 1733.*

* Arrest du Conseil, qui sans s'arrêter à l'Acte de protestation du 16. Juin 1733. & à tous autres qui pourroient être faits, soit par le general des Habitans des Villes de Blois, Menars la Ville, Suévre & Saint Dié, soit par aucuns d'eux en particulier; ordonne que les Arrests du Conseil des 5. Fevrier 1732. & 5. May 1733. seront executés selon leur forme & teneur, & en conséquence que ceux desdits Habitans qui ont été déclarés sujets au payement des Droits d'entrées par lesdits Arrests, seront contraints par les voyes ordinaires de les payer, à compter du 6. Mars 1731. & qu'à cet effet, les Contraintes du Fermier, & les Commandemens faits en conséquence seront executés; condamne en outre les nommés Duchesne, L'abbé, Gallois, les deux Grouteau, & de Vineau qui ont signé ledit Acte de protestation en leurs propres & privés noms, au coût dudit Arrest, liquidé à soixante-quinze livres, sans aucune répétition contre les autres redevables des Droits, &c.

*Des 30. Juin & premier Aoust 1733.*

* Arrest du Conseil & Lettres Patentes, *registrées en la Cour des Aydes, le 4. Septembre* 1733, qui ordonnent l'execution de l'Arrest du 19. Septembre 1718. & en conséquence, que les Bourgeois de la Ville de Lyon, ne joüiront que dans leurs Maisons d'habitation, du privilege qu'ils ont de vendre le Vin de leur crû à Pot, & sans Assiette, sans payer aucun Droit.

*Du 30. Juin 1733.*

* Arrest du Conseil, qui sans s'arrêter à la Sentence de l'Election de Saint Estienne en Forest du 8 Juin 1732. en ce qu'elle ne prononce que des amendes provisionnelles contre les nommés Drenon, Hautru, Bonneron, & Noyer, Habitans de la Paroisse de Colombier, surpris vendans Vin sans déclaration;

les condamne pour leur contravention en l'amende de cent livres chacun, aux dépens faits en ladite Election, & au coût de l'Arrest; ordonne l'execution de l'Edit du mois d'Aoust 1717. portant révocation des Privileges & Exemptions des Droits d'Aydes; & en conséquence, qu'ils continueront d'être perçûs dans ladite Paroisse de Colombiers, & dans celles de Rocheblaine & Pailheretz, nonobstant les Privileges & Exemptions prétendus par les Habitans desdites Paroisses.

*Des 22. Janvier 1592. & 15. Juin 1733.*

Arrests du Parlement qui permettent aux Maistres Chaircuitiers de la Ville de Paris, d'étaler, vendre & débiter leurs Marchandises tous les jours de Dimanches & Fêtes, excepté seulement les quatre bonnes Fêtes de l'année, & les quatre Fêtes de la Vierge.

*Du premier Juillet 1733.*

* Arrest Contradictoire de la Cour des Aydes, qui donne Acte au Sieur Doyen, Fermier des Carosses & Messageries de Meaux, des offres par lui faites aux Religieux Minimes du Convent de Nigeon Chaillot, de leur donner un Bulletin pour retirer des Commis de la Barriere de Saint Martin, en lui payant le prix de la Voiture, une Malle que lesdits Commis avoient retenuë dans leur Bureau, sur le fondement que le Cocher du Carosse de Meaux, n'en avoit pas la clef pour en faire la visite.

Donne pareillement Acte au Fermier General de ses Offres, de remettre ausdits Religieux ladite Malle, après qu'ils en auront representé ou fait representer la clef, pour être la visite faite par les Commis en la maniere accoûtumée.

En conséquence met les appellations & ce dont a été appellé au néant; décharge ledit Sieur Doyen des condamnations contre lui prononcées par la Sentence du Châtelet de Paris; & condamne lesdits Religieux Minimes en tous les dépens des causes principales, d'appel & demandes, & en ceux faits au Parlement, même en ceux faits les uns à l'encontre des autres, tant en demandant, défendant, que de sommation.

*Du 10. Juillet 1733.*

* Ordonnance de Messieurs les Prévost des Marchands, & Eschevins de la Ville de Paris, portant réglement pour la Vente de la Marchandise de Charbon, arrivant par Charettes sur la Place du Port de la Gréve de ladite Ville.

*Du 17. Juillet 1733.*

* Arrest de la Cour de Parlement, portant reglement general sur le fait de la Police de la Marchandise de Poisson de Mer, frais, sec & sallé, & d'eau douce, dans la Ville & Fauxbourgs de Paris.

*Du 17. Juillet 1733.*

* Sentence de M. le Lieutenant general de Police, qui renouvelle les défenses cy-devant faites aux Maistres Rotisseurs, leurs Femmes & Garçons de Boutiques, d'entrer sur le Carreau de la Vallée, les Mercredis & Samedis, avant l'heure prescrite par les Ordonnances ; & qui condamne en huit livres d'amende Philippe-Firmin Coiffé, Maistre Rotisseur, pour y avoir contrevenu.

*Du 25 Juillet 1733.*

* Declaration du Roy, *Registrée en la Chambre des Comptes de Paris, le 4 Septembre; en celle de Dijon, le 27 Novembre; en celle de Roüen, les 30 Septembre & 18 Novembre ; en celle de Grenoble, le 8 Novembre ; en celle de Nantes, le 5 Septembre ; en celle d'Aix, le 14 Octobre ; en celle de Blois, le 3 Septembre ; en celle de Montpellier, le 5 dudit ; en celle de Metz, le 7 dudit; en celle de Pau, le 2 dudit 1733 ; & dans celle de Dole, le 18 Mars 1734*, qui ordonne que les sommes provenant des Impositions & Abonnemens qui ont été ou seront faits des Droits

de Courtiers-Jaugeurs & Inspecteurs aux Boucheries & des Boissons, pendant les six années du Bail des Fermes Generales Unies, fait à Nicolas des Desboves, à commencer du premier Octobre 1732, seront payés par les Receveurs Generaux des Finances, Tresoriers Generaux & Particuliers des Pays d'Etats & autres, sur les Quittances dudit Nicolas Desboves, ses Sous-Fermiers, Procureurs & Commis.

*Du 28 Juillet 1733.*

Arrest de la Cour de Parlement, qui donne Acte aux Jurés-Vendeurs de Marée, de la nomination par eux faite de Nicolas Bertault & Jean Rondin, pour Officiers tenans Comptoirs de la Marée ; de Claude Belle & Germain Plomet, pour tenans Comptoirs de Saline ; de Claude Belle & Germain Plomet pour Jurés, pour la Police de la Marée & Saline ; & de Paul Rondin & Henry-Pierre Thibault pour Jurés pour le Poisson d'eau-douce, pour exercer la Police sur les differentes natures de Marchandises de Poisson de Mer frais, sec & sallé, & Poisson d'eau-douce, jusqu'au 31 Decembre 1734.

*Du 31 Juillet 1733.*

* Arrest de la Cour des Comptes, Aydes & Finances de Normandie, qui, en conformité de l'Ordonnance des Aydes, du mois de Juin 1680, & des Arrests & Reglemens, infirme une Sentence des Elûs de Lyons, & condamne les Collecteurs de la Paroisse de Lilly, en l'Amende avec dépens, pour avoir fait plusieurs diligences pour le Recouvrement de la Taille sur du Papier non timbré.

NOTA. *Les Collecteurs ne peuvent faire aucunes diligences pour le Recouvrement de la Taille, ni fournir aux Taillables des Quittances du payemnt de leurs Impôts de Taille, qu'en Papier timbré.*

Du

*Du premier Aoust* 1733.

* Arrest du Conseil, qui modere les Droits de Sortie hors du Royaume, & ceux de Marque & de Controlle, sur la Vaisselle d'Argent, & autres Ouvages d'Orfévrerie, d'Or ou d'Argent, fabriqués dans la Ville de Paris, qui seront destinés, pour les Pays Etrangers, à commencer du premier Septembre 1733. *Contenant douze Articles.*

*Du* 11 *Aoust* 1733.

* Arrest du Conseil, & Lettres Patentes, *registrées en la Cour des Aydes, le* 11 *Decembre* 1733. qui dispensent les Commis & Employés des Fermes, qui ont prêté Serment pendant les précedans Baux, de le prêter de nouveau pendant le Bail de Nicolas Desboves, Adjudicataire General des Fermes; Fait défenses aux Juges des Fermes & à tous autres, de les troubler dans leurs Fonctions pour raison de ce, à peine d'interdiction, & de tous dépens, dommages & interêts.

*Du* 11 *Aoust* 1733.

* Arrest du Conseil, qui déboute la Communauté des Lapidaires, & Nicolas Larcher, Marchand Mercier-Joüallier de leur opposition à l'Arrest du 19 May 1733, & les condamne au coût de l'Arrest, liquidé à soixante livres.

*Du* 11 *Aoust* 1733.

Arrest du Conseil, qui ordonne qu'outre les mille Muids de Vin de Privilege accordés à l'Hôpital General de Paris, & dont l'employ est fait dans l'état des Privilegiés. Les Directeurs dudit Hôpital pourront, dans le cours de l'année 1733. faire entrer, sur leurs Certificats, cinq cent muids de Vin d'augmentation, pour la consommation dudit Hôpital, sans payer aucuns Droits, tant au Pont de Joigny qu'aux entrées de Paris, ni ceux des Droits rétablis, dont ils demeureront déchargés.

*Du 11 Aoust 1733.*

* Arrest du Conseil, qui ordonne que les Religieux Minimes de Chaillot, seront tenus de payer à Pierre Carlier, Fermier General des Fermes Unies de Sa Majesté, les Droits de Domaine & Barrage, des quantités de Bois qu'ils ont fait entrer dans leur Convent, lors du Procès verbal des Commis, du 12 Aoust 1729, ensemble de ceux qu'ils ont fait arriver depuis ledit Procès verbal jusqu'au dernier Septembre 1732, que le Bail dudit Carlier a fini; à l'effet de quoy lesdits Religieux Minimes seront tenus de fournir un Acte, en bonne forme, de la quantité de Bois qu'ils ont fait arriver & entrer dans leurdit Convent, depuis ledit Procès verbal. Leur enjoint de faire, à l'avenir, leurs declarations des Marchandises & Denrées sujetes aux Droits de Domaine & Barrage, qu'ils feront arriver dans leur Convent, & d'en payer les Droits avant que de les faire entrer chez eux, & ce à peine de confiscation desdites Marchandises & Denrées, des Charretes & Batteaux, & de trois cent livres d'amende.

*Du 11 Aoust 1733.*

* Arrest du Conseil, qui casse celui de la Cour des Aydes de Paris, du 31 Decembre 1732, & condamne la veuve Jaillant, Bourgeoise de la Ville de Troyes, en trois cent livres d'amende, aux dépens faits, tant en cause principale que d'Apel, & au payement des Droits sur le pied de vente à Assiette, des Vins qui se trouveront avoir été par elle vendus depuis sa declaration de vendre à Pot, jusqu'au jour du Procès verbal, par lequel elle a été surprise vendant à assiette.

*Du 16 Aoust 1733.*

* Declaration du Roy, *registrée en Parlement le* 18 *Aoust* 1733, portant réünion à la Ville de Paris, des Droits de quinze & vingt sols par Muid de Vin, atribués aux Offices de Rouleurs, Chargeurs & déchargeurs de Vin, créés &

rétablis par Edit du mois de Juin 1730. *Contenant cinq articles.*

*Du premier Septembre* 1733.

Arrest du Conseil, qui déboute le Sieur Gosselin, de sa demande, en restitution des Droits du Pont de Joigny par lui payés sur les Vins de Liqueurs qui ont passé dessus & dessous ledit Pont, pendant le Bail de Carlier & la premiere année de celui de Desboves.

*Du 4. Septembre* 1733.

* Arrest de la Cour de Parlement, qui fait défense tant à la femme du nommé Pierre Bruyant, qu'à tous Marchands particuliers, revendeurs, détailleurs & détailleresses, & à tous autres, de vendre, achepter ni débiter des Marchandises de Poisson de Mer, frais, sec & salé, destiné pour la provision de la Ville de Senlis, & pour y être consommé, qu'elle n'ait été auparavant conduite à la Halle de ladite Ville, visitée & venduë par Jean-Pierre de de Briquegny, Juré-Vendeur de Poisson de mer, frais, sec & salé, de la Ville, Fauxbourg & Banlieuë de Senlis ou son Commis, & qu'ils n'ait pris ses Droits sur icelle, Conformément à l'Edit de création de son Office, Arrests & Reglemens; comme aussi d'en vendre & débiter dans la Banlieuë de ladite Ville, qu'ils ne soient munis d'un Certificat dudit Briquegny, le tout à peine de confiscation de ladite Marchandise de Poisson, de mille livre d'amende, & de tous dépens, dommages & interests. Fait pareillement défenses aux Jurés de la Communauté des Maistres Patissiers de ladite Ville & Fauxbourgs de Senlis, & à tous autres, de s'immiscer dans l'exercice de l'Office dudit Briquegny, & ordonne l'execution des Edits & Déclarations du Roy, Arrests & Reglemens de la Cour, & nottament de celui du 11. Decembre 1663.

*Des 8. Septembre & 12. Novembre* 1733.

* Arrest du Conseil & Letres Patentes *registrées en la Cour*

*des Monnoyes*, le 23. Novembre 1733. qui ordonnent que tous Maistres & Marchands Orfévres, Fourbisseurs, Horlogers, & autres travaillans & trafiquans en ouvrages d'or & d'argent, seront tenus de porter à la Maison commune de l'Orféverie, pour y être essayés & marqués d'un Poinçon à ce destiné, les manches de Couteaux, Cuillieres à Caffé, Boucles, Boëtes de Montres, Etuys, toutes sortes de Crochets, Poignées d'Epées pleines & Flacons pleins; ce faisant leur permet de faire faire un Poinçon particulier pour marquer lesdits Ouvrages; fait défenses à tous Orfévres & autres Fabriquans en Ouvrages d'Or & d'Argent d'exposer en vente aucuns desdits ouvrages ni autres d'un poid superieur, qu'ils n'ayent été marqués d'un des Poinçons de la Maison commune, à peine de confiscation & de trois mille livres d'amende; & ordonnent l'exécution du Réglement general de l'Orféverie, du 30. Decembre 1679. & de la Declaration du 23. Novembre 1721.

*Du 15. Septembre 1733.*

* Ordonnance du Prevost des Marchands & Eschevins de la Ville de Paris; qui fait défenses à tous Mariniers & Voituriers par eau, tant en montant que descendant la Riviere de Seine, de faire arriver & passer par les Pataches du Mail & de la Conférence, aucuns Batteaux ni Bachots chargés de Marchandises & Denrées, de quelque sorte & nature quelles puissent être, ni aucuns Trains ou Eclusées de Bois à bruler ou à bâtir, sciage ou charronnage, qu'aux heures permises par les Ordonnances, & nottament par l'Article II. du Titte VI. de celle des Aydes, du mois de Juin 1680. sçavoir, dans les mois d'Avril, May, Juin, Juillet, Aoust & Septembre, avant cinq heures du matin, & après huit heures du soir; & dans les mois d'Octobre, Novembre, Decembre, Janvier, Fevrier & Mars, avant sept heures du matin & après cinq heures du soir; le tout à peine de confiscation des Batteaux, Denrées & Marchandises, Trains & Eclusées & de 500. livres d'amende solidairement, tant contre les Voituriers que les Marchands & Proprietaires.

*Du 15. Septembre 1733.*

Arrest du Conseil, qui ordonne conformément à l'Article VIII. de celui du 8. Avril 1733. que les douze Acquereurs des 120. Offices de Conseillers du Roy, Inspecteurs, Controlleurs & Visiteurs Generaux sur les Vins, Eaux-de-Vie, Liqueurs & autres Boissons entrans dans Paris, joüiront chacun de deux Minots de Franc-sallé, sans payer aucuns Droits que ceux qui se payent par les Privilegiés, à l'effet de quoy ils seront employés dans l'état de supplément des Franc-sallés des Officiers de ladite Ville pour l'année 1733. & qu'ils continuëront de l'être dans ceux des années suivantes; duquel Franc-sallé il sera tenu compte à Me Nicolas Desboves, Adjudicataire des Fermes Generales Unies, sur le prix de son Bail.

*Du 22. Septembre 1733.*

Arrest du Conseil, qui ordonne que tous les Officiers des Elections & Greniers à Sels de la Generalité de Châlons, qui auront négligé de faire enregistrer leurs Provisions, & de prêter serment au Bureau des Finances de Châlons, seront tenus d'y satisfaire dans quinzaine du jour de la Sommation qui leur en sera faite, & de payer pour ce, les Droits ordinaires, à peine de radiation de leurs Gages & de suspension de leurs Offices; & défend à tous ceux qui seront pourvûs d'Offices dans lesdites Elections & Greniers à Sels, de s'immiscer dans les Fonctions de leurs Charges, sans avoir au préalable fait enregistrer leurs Provisions & prêté Serment au Bureau des Finances de ladite Generalité. Fait pareillement défenses aux Officiers desdites Elections & Greniers à Sels, d'admettre & d'installer aucun desdits Officiers, qu'il ne leur soit apparu dudit Enregistrement & prestation de serment par eux fait audit Bureau des Finances, à peine d'en demeurer responsables.

*Du 22. Septembre 1733.*

* Arrest du Conseil, qui ordonne que tous les Officiers des Elections & Dépôts des Sels, de la Generalité de Riom, qui auront négligé de faire enregistrer leurs Provisions & de prêter serment au Bureau des Finances de Riom, seront tenus d'y satisfaire dans quinzaine du jour de la Sommation qui leur en sera faite, & de payer pour ce, les Droits ordinaires, à peine de radiationde leurs Gages & de suspension de leurs Offices; & défend à tous ceux qui seront pourvûs d'Offices dans lesdites Elections & Dépôts des Sels, de s'immiscer dans les Fonctions de leurs Charges, sans avoir au préalable fait enregistrer leurs Provisions, & prêté serment au Bureau des Finances de ladite Generalité; fait pareillement défenses aux Officiers desdites Elections & Dépôts des Sels, d'admettre & d'installer aucun desdits Officiers, qu'il ne leur soit apparu dudit enregistrement & prestation de serment par eux fait audit Bureau des Finances, à peine d'en demeurer responsables.

*Du 22. Septembre 1733.*

Arrest du Conseil, qui ordonne à M. le Procureur General de la Cour des Aydes de Paris, d'envoyer au Conseil les motifs sur lesquels est intervenu l'Arrest de ladite Cour, du 8. Juillet précedent, qui a déchargé le nommé Gilbert Fournier, de la contrainte contre lui décernée par le Fermier pour Droits d'entrée, d'une partie de Vins mis à la Halle, & pour lesquels il avoit été fait crédit des Droits d'Entrée, ladite décharge fondée sur ce que la soumission de payer lesdits Droits, n'avoit point été faite par ledit Fournier, mais seulement par celui qui étoit à la conduite desdits Vins, & qui s'étoit dit Proprietaire de l'autre partie, & Bourgeois de Paris.

FIN.

# TABLE
## DES
## EDITS, DECLARATIONS, ORDONNANCES, ARRESTS, ET REGLEMENS

*CONCERNANT*

## LES DOMAINES ET DROITS Y JOINTS.

Rendus pendant la premiere année du Bail de Me NICOLAS DESBOVES.

*Commencée le premier Octobre 1732. & finie le dernier Septembre 1733.*

A PARIS;
Chez PIERRE PRAULT, Imprimeur des Fermes du Roy, Quay de Gêvres au Paradis.

M. DCC. XXXV.

# TABLE
## DES
# EDITS, DECLARATIONS,
## ARRESTS ET REGLEMENS

RENDUS pendant la premiere année du Bail de Me. NICOLAS DESBOVES,

*Commencée le premier Octobre* 1732. *& finie le dernier Septembre* 1733.

Concernant les Domaines de France, Controlle des Actes des Notaires, Petits Sçels, Insinuations Laïques, Centiéme Denier, Controlle des Exploits, Greffes, Amortissemens, Franc-Fiefs & nouveaux Acquêts, & Droits réservés dans les Cours & Jurisdictions, par les Edits des mois d'Août 1716. Janvier & Novembre 1717. & rétablis par la Déclaration du 15. May 1722.

*Du* 31. *May* 1730.

ARREST du Conseil, portant qu'il sera fait un nouveau Bail des Fermes Generales-unies, aux cautions de Pierre Carlier, actuellement Adjudicataire desdites Fermes, pour six années, à commencer du premier Octobre 1732. pour les Gabelles, Cinq Grofſes Fermes, Aydes, Entrées & Droits y joints ; & du premier Janvier 1733. pour les Domaines, Controlle des Actes, Amortiſſemens, Francs Fiefs, nouveaux Acqueſts, Droits reſervés, & autres y joints.

*Du* 31. *May* 1730.

Réſultat du Conſeil portant Bail des Fermes générales aux Cautions de Pierre Carlier, ſous le nom de Nicolas Desboves, aux prix, charges, clauſes, conditions & pour les tems portés, tant audit réſultat, que par l'Arrêt du Conſeil du même jour.

*Du* 29. *May* 1731.

Réſultat du Conſeil, portant Bail à Pierre Carlier & à Nicolas Desboves, des Droits Domaniaux & autres établis & à établir dans la Principauté d'Orange, reünie à la Couronne par l'échange fait avec M. le Prince de Conty le 23. Avril 1731. aux prix, charges, clauſes & conditions y portées.

*Du* 29. *May* 1731.

Arrêt du Conſeil, qui ordonne qu'en attendant l'expédition, Sçeau & enregiſtrement où beſoin ſera du réſultat du même jour, Pierre Carlier & Nicolas Desboves, Adjudicataires des Fermes générales de Sa Majeſté, joüiront ſucceſſivement des Domaines & Droits Domaniaux de la Principauté d'Orange & dépendances contenus dans le Bail paſſé le 26. Septembre 1723. par Louis-Armand de Bourbon, Prince de Conty à M. Loüis Crozat, & encore des Gabelles & autres Droits tels qu'ils ſe levent dans l'étenduë de la Province de Dauphiné au profit de Sa Majeſté, & qui ſont compris dans le Bail général des Fermes-Unies fait auſdits Carlier & Desboves pour le tems mentionné audit Réſultat ; veut que leſdits Droits ſoient payez auſdits Carlier & Desboves, leurs Sous-Fermiers, Procureurs, Commis & Prépoſés aux Bureaux pour ce établis & à établir, à quoy faire les Débiteurs ſeront contraints par les voyes ordinaires, pour les deniers & affaires de Sa Majesté, & que lesdits Carlier & Desboves pourvoyent à tout ce qu'ils estimeront nécessaire pour l'entiere & paisible joüissance desdits Droits; & enjoint au Sr Intendant & Commissaire départi dans la Province de Dauphiné & aux Juges ordinaires des Fermes, de mettre en possession desd. Droits, lesd. Carlier & Desboves, leurs Sous-Fermiers, Procureurs & Préposés, & de tenir la main à l'exécution d'icelui, nonobstant toutes oppositions ou appellations, dont si aucunes interviennent, Sa Majesté s'en réserve la connoissance & à son Conseil, & icelle interdit à toutes ses Cours & autres Juges, &c.

*Du 3. Août 1732.*

* Déclaration du Roy, qui proroge pendant six années, à commencer du premier Janvier 1733. la levée & perception des Droits réservés dans les Cours & Jurisdictions du Royaume, par les Edits des mois d'Août 1716. Janvier & Novembre 1717. & autres differens Droits énoncés dans ladite Déclaration; & ordonne la suppression ou moderation d'une partie desdits Droits réservés.

*Du 9. Septembre 1732.*

* Arrêt du Conseil pour la prise de possession du Bail des Fermes générales unies sous le nom de Me. Nicolas Desboves pendant six années, à commencer du premier Octobre 1732. pour les grandes & petites Gabelles, Cinq Grosses Fermes, Aydes, Papier & Parchemin timbrés des Provinces où les Aydes ont cours & autres Droits y joints, & du premier Janvier 1733. pour les Domaines de France, Controlle des Actes des Notaires, Petits Scels, Insinuations, Centiéme Denier, Greffes, Amortissemens, Francs-Fiefs & Droits y joints.

Permet audit Desboves de se servir des Timbres qui sont actuellement en usage.

Dispense les Employés de prêter un nouveau serment, & regle les droits d'enregistrement tant dudit Arrêt, que ceux de réception & prestation de serment desdits Employés.

*Du 14. Octobre 1732.*

* Arrêt du Conseil qui décharge des Droits d'Enregistrement & de Controlle aux Greffes des Domaines des Gens de Main-morte, les Adjudications des Bois des Communautés, Ecclésiastiques & Laïques, Bénéficiers & Gens de Main-morte, faites en vertu d'Arrêts du Conseil & Lettres Patentes, &c.

*Du mois de Decembre 1732.*

* Lettres Patentes en forme d'Edit registrées au Parlement le 18. May 1733. qui confirment & ratifient le Contrat d'échange fait entre le Roy, & le nommé Pierre David dit la Bretesche, le 5. Janvier 1730. de la quantité de neuf pieces de terres appartenant à Sa Majesté, & dépendant de la Ferme de Rennemoulin située hors le grand Parc de Versailles, contenant ensemble neuf arpens vingt-cinq perches estimées 1605. liv. contre sept pieces de Terres situées dans le grand Parc de Versailles appartenant audit la Bretesche, montant à la quantité de quatorze arpens soixante-dix-neuf perches estimées à la même somme de 1605. liv. avec exemption de Droits Seigneriaux, Echange, Centiéme Denier, Insinuation ou autres pour raison dudit échange.

*Du mois de Decembre 1732.*

* Lettres Patentes en forme d'Edit, registrées en Parlement le 18. May 1733. qui confirment & ratifient un Contrat d'Echange fait entre le Roy & le Comte de Villepreux le 5. Janvier 1730. de la Ferme de la Gaudonnerie située hors le Parc de Versailles dans la Parroisse de Villepreux & appartenant à Sa Majesté, consistant en Bâtimens composés de plusieurs Chambres, Cuisine, Salle, Ecuries, Etables, Granges & en douze pieces de terres labourables contenant en total la quantité de vingt-huit arpens quarante-sept

perches un quart évalués avec lesdits Bâtimens à la somme de 7629. liv. 9. s. contre quinze pieces de terre appartenant audit Sieur de Villepreux situées dans le grand Parc de Versailles contenant la quantité de quarante-deux arpens soixante-onze perches & demie de terres labourables, & trois arpens quatre-vingt-onze perches de Prez, le tout évalué à la somme de 7668. liv. 15. s. avec exemption de tous Droits Seigneuriaux, Echanges, Centiéme Denier, Insinuations, ou autres qui pourroient être dûs pour raison dudit Echange.

*Du 9. Decembre* 1732.

* Sentence de Messieurs les Prevôt des Marchands & Echevins de la Ville de Paris, qui condamne Nicolas Nugue Maître Jardinier à Paris en 3000. liv. d'amende au profit de l'Hôpital Général, pour avoir sans permission fait construire un Bâtiment dans son Marais, ordonne, qu'il sera razé, & les materiaux confisqués & réünis au Domaine du Roy, &c.

*Du 12. Decembre* 1732.

* Sentence de Messieurs les Prevôt des Marchands & Echevins de la Ville de Paris, qui condamne Pierre Boilletot, Proprietaire d'une Maison au Fauxbourg S. Antoine, en 3000. liv. d'amende applicable à l'Hôpital Général, pour avoir fait différentes constructions en ladite Maison sans permission, & avoir augmenté en superficie & hauteurs les Bâtimens qu'il lui avoit été permis de rétablir, ordonne que que les Edifices seront rasez, les materiaux confisqués, & le terrain sera réüni au Domaine du Roy, & qui condamne Pierre Rufin Maçon, & Vautier Maître Charpentier chacun en mil livres aussi d'amende pareillement applicable à l'Hôpital Général, pour avoir conduit lesdits ouvravrages, & qui les déclare déchûs de leurs Maîtrises, sans y pouvoir être rétablis dans la suite.

*Du 16. Decembre* 1732.

* Lettres Patentes *registrées au Parlement le 9. Mars mil sept cent trente-trois*, qui ordonnent que la partie de Bois-Grand destinée à croître en haute futaye de Sapin, sera &

demeurera divisée en vingt parties égales de douze arpens quatrevingt seize perches chacune : quela premiere desdites vingt parties ne s'exploitera qu'en 1752. lors de l'exploitation de laquelle & des suivantes, jusqu'à leur révolution il sera vendu au profit du Roy cent cinquante pieds d'arbres, essence de Sapin de vingt-quatre pouces de diametre & au dessus ; ordonnent en outre que dans la même partie de ladite Forêt, il sera vendu en 1733. mille pieds de Bouleaux ; que les anciennes Routes qui y sont, seront ouvertes de douze pieds de large, & qu'il en sera fait deux nouvelles de la même largeur. Et à l'égard de l'autre partie de ladite Forêt contenant 204. arpens, ordonnent qu'elle sera coupée pendant le cours de vingt années, à raison de vingt Arpens quarante Perches chacune, à compter de l'année 1733. & que pour tenir lieu de Baliveaux, les Adjudicataires des Ventes seront tenus de reserver toutes les jeunes Plantes de Sapin & de Chêne, à peine de 100. d'amende pour chaque Plante coupée dans lesdites Ventes.

*Du 16. Decembre 1732.*

* Lettres Patentes, *Registrées au Parlement le 9. Mars* 1733. Qui ordonnent que par le Sieur Eynard de Ravannes, Grand-Maître des Eaux & Forêts du Département de Touraine, Anjou & le Maine, il sera au Siége, & en presence des Officiers de la Maîtrise de Loches, procedé à la Vente & Adjudication au plus Offrant & dernier Encherisseur en la maniere accoûtumée dans le cours de quatre années, à commencer en 1733. de 202. arpens 95. perches & demie de futaye de la Forêt de Loches, en differens Cantons désignés aux Procès-Verbaux de Visite des 28. May 1730, 11. Avril & 11. May 1731. & jours suivans, à raison de 50. arpens ou environ par chacune année.

*Du 16. Decembre 1732.*

* Lettres Patentes, *Registrées au Parlement le 9. Mars* 1733. qui ordonnent conformément à l'Arrest du 25. Novembre

précedent l'execution des Arrêt & Lettres Patentes des 13. & 25. Septembre 1723. & la Vente de 187. arpens 80. perches de Bois incendiés dans la Forêt de Bercé, & que par le Sieur Eynard de Ravannes, Grand-Maître des Eaux & Forêts du Département de Touraine, Anjou & le Maine, ou en son absence par les Officiers de la Maîtrise du Château-du-Loir, qu'il pourra commettre, il sera procedé à la Vente & Adjudication en la maniere accoûtumée desdits 187. arpens 80. perches de Bois incendiés, &c.

*Du 6. Janvier 1733.*

Arrest du Conseil, qui casse celui du Parlement de Toulouse du 22. Novembre 1732. & tout ce qui s'en est ensuivi; ordonne que l'Arrêt de la Cour des Comptes, Aydes & Finances de Montpellier du 24. Octobre 1721. qui maintient M. le Comte de Belle-Isle, en qualité d'Engagiste à titre d'échange de quelques Domaines du Roy, contre le Marquisat de Belle-Isle en Mer, dans la perception des Droits de Leudes sur le Poisson passant dans l'étenduë de la Baronie de Lesignan: Ensemble celui du Conseil du 27. Mars 1730. seront executés selon leur forme & teneur, en consequence que le nommé La Croix, Dépositaire & Gardien des Poissons & Mulets saisis sur le nommé Martin, & autres Chasses-Marées les 19. & 20. Novembre 1732. & détenu dans les Prisons de Toulouse, sera élargi desdites Prisons, & son Ecrou rayé & biffé, à ce faire le Geolier contraint, quoy faisant déchargé: Fait deffenses de se pourvoir ailleurs qu'au Parlement de Paris, pour raison de ladite Saisie.

*Du 13. Janvier 1733.*

Arrest du Conseil, qui reçoit les offres faites par les Etats & Magistrats des Provinces, Villes, Châtellenies & Communautés qui composent actuellement l'Intendance de Flandres, de payer annuellement par forme d'Abonnement pendant les six années du Bail de Desboves, à commencer du premier Janvier mil sept trente-trois, une somme de

158078. livres 10. sols pour tenir lieu dans ladite Intendance des Droits de Contrôlle des Actes des Notaires & sous Signatures-privées, Insinuations Laïques, Petits-Scels, & Centiéme Denier, au moyen duquel Abonnement les Habitans desdites Provinces, Villes, Châtellenies & Communautés dépendantes de ladite Intendance de Flandres demeureront déchargés pendant lesdites six années de l'execution de la Declaration du *29.* Septembre 1722. & en consequence, tous les Contrats & Actes passés par les Notaires de Flandres entre Flamans, ou entre Parties, l'une desquelles sera domiciliée en Flandres, pourront être executés & produits en Justice dans toutes les autres Provinces du Royaume, sans être assujettis au Contrôlle, ni à l'Insinuation, dérogeant pour cet effet à l'Article premier de la Declaration du 19. Mars *1696.* qui sera au surplus executée suivant sa forme & teneur; & ordonne que répartition de ladite somme de 158078. livres 10. sols sera faite sur les differentes Provinces, Villes, Châtellenies, Lieux, & Communautés qui composent ladite Intendance de Flandre, en la forme & maniere qui sera jugée la plus convenable par le Sieur Intendant de ladite Province.

*Du* 13. *Janvier* 1733.

Arrest du Conseil, qui reçoit les offres faites par les Etats de la Province d'Artois, de payer annuellement & par forme d'Abonnement une somme de *90000.* liv. pendant chacune des six années du Bail de Nicolas Desboves, commencé le premier Janvier 1733. & ce pour tenir lieu des Droits de Contrôlle des Actes des Notaires, & sous Signatures-privées, Insinuations Laïques, Petits-Scels, Centiéme Denier, & Droits dûs pour les Usages & Communaux dont joüissent les Communautés Laïques de ladite Province; au moyen de quoi les Habitans de ladite Province demeureront déchargés pendant lesdites six années de l'execution de la Declaration du *29.* Septembre 1722. ensemble desdits Droits d'Usages, & que tous les Contrats & Actes passés par les Notaires de lad. Province d'Artois, entre les Domiciliés, ou entre les Parties, l'une desquelles sera domiciliée en lad. Province, pourront être executés & produits

duits en Justice dans toutes les autres Provinces du Royaume, sans être assujettis au Contrôlle ni à l'Insinuation, dérogeant pour ce regard seulement à l'Article premier de la Declaration du 19. Mars 1696. qui sera ausur plus executée suivant sa forme & teneur, & sera ladite somme de quatre-vingt-dix mille livres payée ès mains du Receveur General des Fermes à Paris de quartier en quartier : Permet ausdits Etats de faire l'imposition & la répartition de ladite somme, sur les Villes, Châtellenies, Paroisses, Communautés & Habitans de ladite Province d'Artois, en la forme la plus convenable qui sera reglée par lesdits Etats.

*Du 13 Janvier 1733.*

Arrest du Conseil, qui reçoit les offres faites par les Magistrats, Mayeurs & Echevins des Villes, Bourgs & Communautés de la Province du Haynault qui composent actuellement l'Intendance de Valenciennes, annuellement & par forme d'Abonnement, pendant chacune des six années du Bail de Desboves, commencé le premier Janvier mil sept cent trente-trois, une somme de trente-six mille neuf cent vingt-une livres dix sols, pour tenir lieu des Droits de Contrôlle des Actes des Notaires & sous Signatures-privées, Insinuations Laïques, Petits-Scels, & Centiéme Denier ; au moyen de quoy les Habitans des Villes, Bourgs & Villages de ladite Province du Haynault, qui composent l'Intendance de Valenciennes demeureront déchargés pendant lesdites six années de l'execution de la Declaration du 29. Septembre 1722. & en consequence que tous les Contrats & Actes passés par les Notaires de ladite Province du Haynault entre les Domiciliés ou autres Parties ; l'une desquelles sera domiciliée en ladite Province du Haynault pourront être executés & produits en Justice dans toutes les autres Provinces du Royaume, sans être assujettis au Contrôlle & à l'Insinuation, dérogeant à cet effet à l'Article premier de la Declaration du 19. Mars 1696. qui sera au surplus executée suivant sa forme & teneur, & sera ladite somme de 36921. livres 10. sols payée ès mains du Receveur General des Fermes à Lille en deux payemens égaux

*Du 13. Janvier 1733.*

* Sentence des Prévôt des Marchands, & Echevins de la Ville de Paris, qui condamne la veuve Ligny, Jardiniere, en trois mille livres d'amende, applicable à l'Hôpital General, pour avoir sans permission, fait construire dans un Marais qui lui appartient un Logement de Jardinier de quatre toises & demie de Long sur deux & demie de profondeur, & ordonne que l'Edifice sera razé, & les Materiaux confisqués au Domaine du Roy.

*Du 13 Janvier 1733.*

* Sentence des Prevost des Marchands, & Echevins de la Ville de Paris, qui condamne les Marguilliers en Charge de la Parroisse de S. Laurent, solidairement en leurs propres & privés noms, en trois mille livres d'Amende applicable à l'Hôpital Général, pour avoir, sans permission, fait construire dans le Cimetiere de ladite Parroisse, un édifice adossé au mur de la maison des Religieuses Sœurs de la Charité; ordonne que l'édifice sera rasé, les materiaux confisquez, & le prix de la valeur de la place, suivant l'estimation, réuni au Domaine du Roy.

*Du 13. Janvier 1733.*

* Sentence des Prevost des Marchands, & Echevins de la Ville de Paris, qui condamne le nommé Petitfils Boulanger en trois mille livres d'amende, applicable à l'Hôpital Général, pour avoir fait, sans permission, construire plusieurs Bâtimens dans une maison qui lui appartient, & qui ordonne que lesdits édifices seront rasez, les materiaux confisquez, & la place réunie au Domaine du Roy; tenu en outre de déclarer l'entrepreneur qui a conduit l'ouvrage, ensemble les maîtres Maçons, Charpentiers & Ouvriers qui y ont travaillé.

*Du 20 Janvier 1733.*

* Arrest du Conseil & Lettres Patentes, portant que les souffrances mises sur les Receveurs Généraux ès comptes par eux rendus aux Chapitres des Gages & Droits des Officiers des Bureaux des Finances, faute de rapporter des Procès Verbaux de Chevauchées & Certificats de résidence desdits Officiers, seront levées sans frais, à l'égard des Receveurs Généraux, & que dans les comptes qui sont à juger, les mêmes parties seront passées purement & simplement pour lesdits Receveurs, sauf à être lesdites souffrances continuées, & mises sur lesdits Officiers.

*Des 3. & 24. Fevrier 1733.*

* Arrest du Conseil, & Lettres Patentes, *registrées en la Cour des Aydes, le 26. Mars* 1733. qui ordonnent que les affirmations des Procès Verbaux des Commis des Fermes, seront valables, pourvû que l'Acte qui les contiendra, soit signé du Juge devant lequel elles auront été faites, de quelque main que ledit Acte soit écrit.

*Du 3. Fevrier 1733.*

* Arrest du Conseil, qui ordonne l'execution de la Déclaration du Roy du dernier Janvier 1663. en conséquence, fait défenses aux Fermiers ou Receveurs des Droits de Péages qui se levent au Bureau de la Prevôté de Nantes, de rien exiger pour Droit des Quittances qu'ils délivrent.

*Du 24 Fevrier 1733.*

* Arrest du Conseil, qui juge que dans la Province de Normandie, les Roturiers doivent payer le Droit de Franc-Fief, des Fiefs & Domaines utiles en dépendans, qu'ils acquierent par deux Contrats séparés, dans l'espace de dix années, conformément à l'Arrest du 25. Fevrier 1673. & à

l'article 3. de la déclaration du 23. Juin 1731.

*Du 24. Fevrier 1733.*

Arrest du Conseil, qui ordonne, que pardevant le sieur Poulletier Intendant & Commissaire de party, en la Généralité de Lyon, il sera procedé à la Publication & Adjudication au rabais, des ouvrages à faire pour perfectionner la navigation de la Riviere de Loire, depuis Rouanne, jusqu'à S. Rambert.

*Du 3. Mars 1733.*

* Lettres Patentes, *régistrées au Parlement, le 9. May* 1733. qui reglent pour l'avenir les coupes des Bois dans les Forests de Sa Majesté, en la Maîtrise de Vierzon; & Gruerie d'Allogny.

*Du 3. Mars 1733.*

Arrest du Conseil, qui ordonne que les indemnités dûës aux Sous-Fermiers des Domaines des Generalités de Paris, Roüen, Pau, & Toulouse, à cause des aliénations à titre d'Engagement, faites au Sieur Duc de Villars-Brancas, par deux Contrats du 21. Octobre 1726. demeureront fixées & liquidées pour les années échûës depuis le premier Janvier 1726. jusqu'au dernier Decembre 1732. Sçavoir, aux Fermiers de la Generalité de Paris, à 471. livres pour la Rente dûë par Adrien Gallot, Engagiste d'un Etal en la Ville de Paris, Place-Maubert; Aux Sous-Fermiers de la Generalité de Roüen, 1450. livres pour trois parties de Rente; l'une de 500. livres dûë par le Sieur Pigeon, à cause de la Baronie de Neliou; l'autre aussi de 500. livres dûë par le Sieur Comte Davernes, à cause du Domaine d'Orbecq; & la troisiéme de 450. livres dûë par le sieur Gabriel, à cause du Domaine de Bernay; Aux Sous-Fermiers de la Generalité de Pau, de 2255. livres, à cause de deux parties de Rente; l'une de 2000. livres dûë par l'Inféodataire des Moulins de l'Isle en Jourdain, & l'autre de 255. livres dûë par l'Inféodataire des Fours Bannaux du même lieu; Et aux Sous-Fermiers de la

Generalité de Toulouse, de 5600. livres d'une part, prix du Sous-Bail fait au nommé Lastrape, de partie du Domaine du Comté de Lauraguais ; Et de 2315. livres 1. sol d'autre part, pour les autres parties du Domaine dudit Comté que Sa Majesté a déclaré par Arrêt du 20. Janvier 1733. faire partie dudit Engagement, ainsi que tous les Droits dont elle avoit droit de joüir dans ledit Comté de Lauraguais audit jour 21. Octobre 1726. à la seule exception du Greffe de Castelnaudary, dont lesdits Sous-Fermiers ont eu droit de joüir depuis ledit jour premier Janvier 1726. De toutes lesquelles sommes il sera tenu compte ausdits Sous-Fermiers par Loüis Bourgeois, & par Pierre Carlier, ci-devant Adjudicataires des Fermes Generales-Unies, chacun à leur égard, ausquels il en sera pareillement tenu compte sur le prix de la Ferme Generale : Déboute en outre les Sous-Fermiers de ladite Generalité de Toulouse du surplus de leurs Demandes.

*Du 3. Mars 1733.*

* Sentence de Messieurs les Prévôt des Marchands, & Echevins de la Ville de Paris, qui condamne Jean Collas, Marchand de Fer, en 3000. livres d'amende, applicable à l'Hôpital General, pour avoir, sans permission, fait construire deux Jambes étrieres en Pierre de taille, sur lesquelles a été posé un Poitral & un premier Plancher en une Maison à petite Porte qui lui appartient grande ruë du Fauxbourg Saint Martin ; Ordonne que lesdits Ouvrages seront rasés, confisque les Materiaux, & réünit la Place au Domaine du Roy

*Du 10. Mars 1733.*

* Lettres Patentes, *Registrées au Parlement le 9. May 1733*. qui ordonnent l'Ouverture de 53. Routes ou Faux-fuïans dans les Bois des environs de Saint Germain y énoncés.

*Du 10. Mars 1733.*

Arrêt du Conseil, qui commet les Sieurs Commissaires

nommés par celuy du *29.* Août 1724. & autres depuis intervenus pour l'examen & verification de tous les titres des Droits de Péages, Passages, & autres, pour proceder à la liquidation des Finances des Offices de Garde du Petit-Scel, & autres Droits supprimés par la Declaration du *29.* Septembre 1722. & réünis à la Ferme du Contrôlle des Actes des Notaires.

*Du* 17. *Mars* 1733.

Arrêt du Conseil, qui ordonne en interpretant celui du 3. Février précedent, que le Sieur Coulon, Grand-Maître des Eaux & Forêts du Département de Metz, dressera seul, attendu la vacance de l'Evêché, le Procès-Verbal de Visite des Bois dudit Evêché, pour en empêcher le défrichement, ainsi qu'il est ordonné par l'Arrêt du Conseil du *9.* Avril 1726. &c.

*Du* 17. *Mars* 1733.

* Lettres Patentes, *Registrées au Parlement le 9. May* 1733. qui ordonnent une Ouverture de 30. nouvelles Routes dans la Forêt de Thelles, & Buissons en dépendans.

*Du* 17. *Mars* 1733.

* Arrêt du Conseil, qui maintient les Jurés-Priseurs-Vendeurs de Biens dans la Province de Normandie dans leurs Offices, pour continuer d'en joüir, ensemble les Engagistes, ausquels la Nomination & l'annuel desdits Offices appartient, comme avant les Arrêts des 15. & 25. Juin 1732. sauf aux Propriétaires des Sergenteries nobles, & à tous autres à se pourvoir au Conseil, pour faire proceder à la Revente desdits Offices de Priseurs-Vendeurs, sur les offres de leur rembourser leurs Finances & Loyaux-coûts, & de payer au Domaine de Sa Majesté des Rentes pour le prix desdites Reventes, &c.

*Du* 31. *Mars* 1733.

* Arrêt du Conseil, qui déboute les Maire & Echevins de

la Ville de Vitry-le-François, de leur Opposition à celui du 11. Septembre 1731. de leur Demande à fin de restitution des Droits d'Ensaisinement qui ont été payés pour les Heritages étans dans la Directe de Sa Majesté; Et les condamne au coût dudit Arrêt liquidé à 75. livres.

*Des 31. Mars & 2. Juin 1733.*

Arrêt du Conseil, & Lettres Patentes, *Registrées en la la Chambre des Comptes le 27. Juin 1733.* Qui levent les difficultés survenuës dans l'execution des Arrêts du Conseil des 17. May 1729, 5. Septembre & 17. Octobre 1730. donnés pour la réünion au Domaine de la Couronne, de quelques portions des Domaines de Bourges & Dun-le-Roy, alienées à la Maison de Bourbon-Condé en 1645. & 1675, & échûës à Madame la Princesse de Conty, par le Partage des Biens de la succession de feu M. le Duc de Bourbon; Confirment Madame la Princesse de Conty dans la possession des anciens cinq sols du Contrôlle des Exploits dans l'étenduë de la Generalité de Bourges, & dans la joüissance d'une Rente de 1000. livres qui sera employée dans les Etats des Charges assignées sur les Domaines de ladite Generalité, pour l'indemniser de la Cession par elle faite desdites portions de Domaines; Et levent aussi les difficultés survenuës à l'occasion de la Reddition des Comptes de la Regie desdits Domaines.

*Du 13. Avril 1733.*

* Lettres Patentes, *Registrées au Parlement le 17. Juin 1733.* qui ordonnent que les Gouvernement & Capitainerie de Maisons, seront réünis au Gouvernement & Capitainerie de Saint Germain en Laye.

*Du 21. Avril 1733.*

* Lettres Patentes, *Registrées au Parlement le 17. Juin 1733.* Qui ordonnent que par le Sieur Eynard, Grand-Maître des Eaux & Forêts du Département de Touraine, Anjou & le

Maine, il sera au Siége & en presence des Officiers de la Maîtrise du Château-du-Loir, procédé à la Vente & Adjudication au plus Offrant & dernier Encherisseur en la maniere accoûtumée, de deux cent quatorze arpens de Bois des Triages de Jupilles, & de Previllé, dépendant de la Forêt de Bercé, incendiés en 1716. & 1717. pour être lesdits Bois coupez par recepage; & ordonnent plusieurs Amenagemens dans ladite Forêt.

*Du 21. Avril 1733.*

* Arrest du Conseil, qui permet aux Commis à la Régie des Droits de Contrôlle des Actes dans toute l'étenduë du Royaume, de contrôller jusqu'au premier Novembre suivant, tous les Actes de Foy & Hommage, Adjudications de Bois, & autres Actes passés devant les Juges, Greffiers, & autres Officiers de Justice, de nature à pouvoir être faits également pardevant Notaires, ensemble les Déclarations ou Reconnoissances aux Papiers Terriers qui ont été passés jusqu'à present, encore que les délais fixés par les Reglemens soient expirés, &c.

*Du 21 Avril 1733.*

Arrest du Conseil, qui ordonne que sur la somme de 1701. livres 17. sols 5. deniers portée en la Contrainte décernée par Louis Bourgeois, Adjudicataire des Fermes Generales & Droits, ci-devant régis par Charles Cordier, & Pierre Destab eau, aux Droits desquels ledit Bourgeois a été subrogé par Résultat du 10. Septembre 1726. contre Jacques-Philippe Cœur-de-Roy, ci-devant Directeur des Domaines & Droits de Contrôlle des Actes de la Generalité de Lyon, déduction sera faite du consentement des Cautions dudit Bourgeois, de celle de 11. livres 19. sols 8. deniers dûë audit Cœur-de-Roy, pour sa Remise sur les Droits d'Amortissemens & Francs-fiefs, au moyen de quoy ladite Contrainte demeurera réduite à la somme de 1689. liv. 17. sols 9. den. au payement de laquelle il sera contraint, comme pour les propres

*Du 22. Avril 1733.*

* Déliberation de Messieurs les Sous-Fermiers des Domaines & Droits y joints, des Generalités de Tours, Moulins, Bourges, & Riom, pour donner aux Commis-Buralistes une part dans la Remise accordée aux Employés pour la Recherche des anciens Droits, *contenant 25. Articles.*

*Du 28. Avril 1733.*

* Lettres Patentes, *Registrées au Parlement le 16. Juillet 1733.* Qui ordonnent que par le Sieur de la Faluere, Grand-Maître des Eaux & Forêts du Département de Paris, il sera au Siége & en presence des Officiers de la Maîtrise de Saint Germain, procedé en la maniere accoûtumée à la Vente & Adjudication tant des Bois à essarter dans l'Alignement des 18. nouvelles Routes à ouvrir dans la Forêt, & dans le petit Parc du Château de Saint Germain, que de 13434. vieilles Souches mortes, provenant d'anciennes Ventes, à la charge par l'Adjudicataire de recombler solidement les trous, de satifaire à toutes les charges, clauses & conditions qui seront inserées au Cahier des Charges, & de remettre le prix de son Adjudication ès mains du Receveur General des Domaines & Bois de la Generalité de Paris, en exercice pour en compter, ainsi que des autres Deniers de sa Recette.

*Du mois de May 1733.*

Déclaration du Roy, concernant le Recouvrement des Gages intermediaires, *Registrée au Parlement de Pau le 18. Juin 1733.*

NOTA. Cette Déclaration est la même que celle du 3. Février 1728. qui n'avoit point été adressée ni enregistrée dans cette Cour.

*Du 5. May 1733.*

* Arrest du Conseil, qui ordonne que les Possesseurs des

Terres & Heritages, Droits ou Mouvances tenus en Fief & en Roture, des Domaines de l'appanage de Monsieur le Duc d'Orleans, seront tenus de faire ensaisiner, ou faire enregistrer par les Receveurs Generaux des Domaines dudit Appanage, les Titres & Actes de leur proprieté actuelle dans la forme, & sous les mêmes peines portées par l'Edit du mois de Decembre 1727. ainsi & de la même maniere qu'il se pratique dans les autres Domaines de Sa Majesté, sans aucune difference, ni distinction.

*Du 5. May* 1733.

Arrest du Conseil, qui ordonne que par le Sieur de Gaumont, Conseiller d'Etat Ordinaire, Intendant des Finances, il sera procedé à l'Adjudication au plus Offrant & dernier Encherisseur de la Portion des Droits Casuels des Domaines reservez & non compris dans les Sous-Baux qui ont été passés par Nicolas Desboves, en consequence de l'Arrêt du 11. Novembre 1732. ladite Portion à prendre dans les Droits de Lods & Ventes, Treiziéme, Quints & Requints, Rachapts, Sous-rachats, Aubaines, Batardises, Desherence, Epaves, Confiscations, & autres Droits Seigneuriaux de pareille nature; comme aussi du Droit de joüir des Domaines engagez à vie, pendant la premiere année du décès des Engagistes, à l'effet de quoy les Affiches, Publications & Remises, feront faites, ainsi qu'il sera reglé par ledit Sieur Commissaire, & sera le Bail passé par les Cautions dudit Nicolas Desboves, Adjudicataire des Fermes Generales, pour les six années que doit durer son Bail, à commencer du premier Janvier 1733. à celui qui demeurera Adjucataire desdits Droits, lequel sera tenu de lui en remettre le prix, pour en compter outre & par-dessus le prix de celui des Fermes Generales, conformément à l'Arrêt du Conseil du 16. May 1730. & aux Lettres Patentes du deux Octobre 1731.

*Des* 12. *May* 1733. *&* 26. *Janvier* 1734.

* Arrests du Conseil, le premier ordonne que jusqu'au par-

fait rétablissement du Pont de Maçonnerie des Isles à Mantes, il sera levé & perçû au profit du Roy, sur ledit Pont provisionnel de Charpente, les Droits de Péage énoncés audit Arrêt. Et le second ordonne que lesdits Droits seront payés par toutes sortes de Personnes de quelque qualité & condition qu'elles soient, exemptes & non exemptes, à peine de désobéissance, & d'être extraordinairement procedé contre elles en cas de rebellion, à l'exception neantmoins des Officiers & Archers des Maréchaussées, & des Commis des Fermes du Roy qui en seront & demeureront exempts & dechargez, &c.

*Du 12 May 1733.*

Arrest du Conseil, qui ordonne, que plusieurs Quittances comptables des Trésoriers Payeurs des Charges assignées sur les Fermes unies, & des Receveurs Généraux des Domaines pour gages d'Officiers, Charges Locales, frais de Justice, & réparations de l'année 1730. retirées dans les Provinces par les Sous-Fermiers & Commis des Fermes Générales, dont quelques unes ne sont point contrôlées, & d'autres ne le sont que par des Commis & Personnes dont les qualités ne sont point justifiées, seront enrégistrées au Contrôle Général des Finances, à condition, que lesdites Quittances seront remises au Bureau dudit Contrôle dans un mois, du jour de la datte dudit Arrest.

*Du 19 May 1733.*

* Lettres Patentes *registrées en Parlement le 16. Juillet 1733*, qui ordonnent, que par le sieur de La Faluere, Grand-Maître des Eaux & Forests du département de Paris, ou par les Officiers de la maîtrise de Provins qu'il pourra commettre, il sera incessamment procedé à l'alignement du redressement à faire dans une largeur convenable du grand chemin de Provins à Nogent sur Seine, passant en la Forest de Sordun, & à l'Adjudication de l'essartement de ce Bois, qui se trouveront dans ledit alignement, à la charge par l'Adjudicataire, d'en remettre le prix ès mains du Receveur de ladite Maî-

trise, pour en compter au profit de Sa Majesté, ainsi que des autres deniers de sa recette, &c.

*Du 19. May. 1733.*

* Lettres Patentes, qui ordonnent que par le sieur de La Faluere, Grand-Maître des Eaux & Forests du département de Paris, il sera au Siége, & en présence des Officiers de la Maîtrise des Eaux & Forests de Chauteau-Neuf en Timeraye procedé en une ou plusieurs Adjudications, au rabais, des repeuplemens qui sont à faire en gland & plan de Chénes, ou autre nature de bois, sur environ trois cens Arpens de friches & Bruyeres étant dans l'interieur, & sur les reins de la forest de Chateau-Neuf, & à la vente de 20. Arpens de Bois & de quelques Chénes, pour tenir lieu de vente ordinaire de l'année 1734. &c.

*Du 19. May 1733.*

Arrest du Conseil, qui déboute le Syndic de la Ville de Toulouze de son opposition à celui du 6. Janvier 1733. par lequel un Arrest du Parlement de Toulouse du 22. Novembre 1732. a été cassé, & le nommé La Croix, gardien & dépositaire d'Effets saisis sur plusieurs Chassemarées, a été élargi des prisons de ladite Ville, sauf à lui à se pourvoir au Parlement de Paris contre l'Arrest de la Cour des Comptes Aydes & Finances de Montpellier, du 24. Octobre 1721. en ce qu'il confirme & maintient M. le Comte de Bellisle en qualité d'engagiste de quelques Domaines de Sa Majesté à titre d'échange du Marquisat de Belleisle en mer, dans la levée & perception du Droit de Leude sur le poisson, passant dans l'étenduë de la Baronie de Lesignan en Languedoc.

*Du 19. May 1733.*

* Lettres Patentes, *registrées en Parlement, le 17. Juin* 1733. qui ordonnent la Vente & Adjudication au plus Offrant & dernier Encherisseur, en la maniere accoutumée

de trois parties de Bois, montant à la quantité de cent quatre-vingt douze Arpens ou environ, & de trois cens trente Arbres, Chénes, Chataigners & Ormes, dépendans du Domaine de Versailles, pour tenir lieu de vente de l'ordinaire de l'année 1734. tant dans le parc de la forest de Marly, que dans les grand & petit parcs de Versailles, &c.

*Du 19. May 1733.*

* Instruction de Messieurs les Fermiers Généraux, du Bail de Nicolas Desboves, aux Commis des Fermes: au sujet des Droits réservez dans les Cours & Jurisdictions, par les Edits des mois d'Aoust 1716. Janvier & novembre 1717. de partie desquels les procedures concernant les Fermes Générales, ont été déclarées exemptes par differens Arrests du Conseil, & dont quelques uns ont été supprimez, ou moderez par la déclaration du Roy, du 3. Aoust 1732.

*Du 2. Juin 1733.*

Arrest du Conseil, & Lettres Patentes *régistrées en la Chambre des Comptes le 9. Juillet suivant*, qui accordent à la Dame Baudry Doüairiere, les Gages intermediaires, & Droits d'exercice attachez à l'office de Contrôleur des Receveurs & Payeurs des Gages des Officiers de la Cour du Parlement de Paris, dont le feu sieur Colin Duchesne décedé le 28. Fevrier 1733. étoit pourvû; du montant desquels Gages & Droits, ladite Dame Baudry Doüairiere sera payée à compter dudit jour 28. Fevrier 1733. jusqu'au 25. Mars en suivant que le Sieur de la Ribellerie a été reçû audit Office, par le Payeur desdits Gages, ce faisant, & en raportant par lui lesdits Arrests, Lettres Patentes ou copie d'iceux, duëment collationnés, & la quittance de ladite Dame Baudry, il en demeurera quitte & déchargé & les sommes qu'il aura payées, en conséquence lui seront passées & alloüées dans la dépense de ses Etats & comptes sans difficulté.

*Du 9. Juin 1733.*

* Lettres Patentes *régistrées en Parlement le* 14. *Aoust* 1733. qui ordonnent la Vente au profit du Sieur président d'Aligre, des Bois taillis à lui engagez dans la Forest de Châteauneuf en Timeraye, & au profit du Roy des Baliveaux qui se trouveront sur lesdits Taillis, à la réserve de quatre anciens Chesnes par Arpent des mieux venans, & de tous les Baliveaux de l'âge de 40. ans & au dessous, outre ceux de l'âge du Taillis.

*Du 23. Juin 1733.*

* Lettres Patentes, *régistrées en Parlement le* 14. *Aoust* 1733. portant reglement des coupes de la Forest de Perseigne.

*Du 23. Juin 1733.*

Arrest du Conseil, qui, sans avoir égard à la Demande du sieur Palisot Dathis, Receveur Général des Domaines & Bois de Flandre, Artois, & Cambresis, dont il est débouté, ordonne que les Gages intermediaires des Offices vacans dans la Chancellerie près le Parlement de Flandres, échûs depuis & compris l'année 1720. & qui écheront à l'avenir, seront payés à Louis Bourgeois, Pierre Carlier, & Nicolas Des Boves, successivement àdjudicataires des Fermes Générales unies de France, sans que ledit sieur Dathis puisse prétendre aucune somme dessus, à ce faire sera le sieur Duberon Payeur des Gages des Offices en ladite Chancellerie contraint par les voyes ordinaires, ce faisant, il en demeurera déchargé ; déclare nulles & de nul effet les Saisies qui peuvent avoir été faites pour raison de ce, à la Requeste dudit sieur Dathis entre les mains du sieur Du Beron Payeur des Gages des Officiers de ladite chancellerie de la province de Flandres, & de tenir la main à l'execution dudit Arrest.

*Du 23. Juin 1733.*

* Arrest du Conseil, qui reçoit le sieur Inspecteur Général du Domaine d'Argentan, opposant à celui dudit Conseil du 11. Novembre 1717. tendant à ce qu'il plût à Sa Majesté casser une Sentence de la Maîtrise d'Argentan, & décharger le Sieur Brice Harlan Receveur particulier des Bois de ladite Maîtrise, des condamnations contre lui jugées par ladite Sentence, avec dépens; reçoit pareillement le sieur Pierre Harlan, aussi Receveur particulier de ladite Maîtrise d'Argentan, opposant audit Arrest, & condamne tant le maître particulier, le Lieutenant, le Procureur du Roy, & le Garde-Marteau de ladite Maîtrise, conjointement & solidairement avec Jacques Varin, Adjudicataire des Bois de la Forest d'Orbec pour l'ordinaire de l'année 1726. les Caution & Certificateur dudit Varin, à payer audit sieur Harlan le prix de l'Adjudication faite audit sieur Varin le 6. Octobre 1725. des Bois de ladite Maitrise, à quoi faire ils seront tous solidairement contraints comme pour deniers Royaux, &c.

*Du 7. Juillet 1733.*

Arrest du Conseil, concernant la réconstruction des anciennes Echopes & Bâtimens adossez â la Halle aux Draps de Paris, ordonne que, faute par le sieur Denizon d'avoir justifié des titres d'alienation de la place sur laquelle l'Echope qui lui appartenoit dans la ruë de la Poterie étoit construite, & d'avoir rapporté le plan sur lequel la permission de la construire avoit été accordée à ses auteurs, qu'il ne pourra la faire réedifier que dans la forme de celles qui sont à côté, & suivant le plan annexé à la minutte dudit Arrest.

*Du 14. Juillet 1733.*

* Arrest du Conseil, qui casse les Exploits de commandement faits au sieur Buquet, Bourgeois de Paris, pour raison des enregistremens à faire en la Chambre des Comptes de

Normandie, des Contrats d'alienation ou de revente des Engagistes des Domaines, ordonne que les Huissiers seront contraints par corps à la restitution des sommes qu'ils auront exigées à cet effet; enjoint à tous Engagistes à titre de revente, de faire enrégistrer aux Greffes des Bureaux des Finances les Contrats de revente qui leur auront été passés par les Commissaires du Conseil, sauf à faire cet enrégistrement aux Greffes des Chambres des Comptes dans les Provinces où il n'y a point de Bureaux des Finances.

*Du 25. Juillet 1733.*

* Déclaration du Roy, *régistrée en la Chambre des Comptes de Paris, le 4. Septembre; en celle de Dijon, le 27. Novembre; en celle de Roüen, les 30. Septembre, & 18. Novembre; en celle de Grenoble, le 8. Novembre; en celle de Nantes, le 5. Septembre; en celle d'Aix, le 14. Octobre; en celle de Blois, le 3. Septembre en celle de Montpellier le 5. dudit; en celle de Metz, le 7. dudit; en celle de Pau, le deux dudit mil sept cent trente-trois, & en celle de Dole, le 18. Mars* 1734. qui ordonne que les gages intermediaires, à cause des Offices vacans de Justice, Police, Finances, Maréchaussées, & tous autres échûs & à échoir pendant six années, à commencer du premier Janvier 1733. dont les fonds ont été, ou seront faits dans les Etats du Roy, seront payés par les Trésoriers-Receveurs-Payeurs des Gages, Receveurs Généraux des Finances, Domaines & Bois, Receveurs des Tailles, & tous autres Officiers comptables, sur les Quittances de Nicolas Desboves Adjudicataire des Fermes Générales unies ses Procureurs & Commis, sans que lesdits Gages intermediaires qui font partie des Droits compris au Bail dudit Desboves puissent être retranchez desdits Etats du Roy, ni payez en d'autres mains qu'en celles dudit Desboves, à peine de radiation, & de payer deux fois. Ordonne pareillement, que les sommes provenant des impositions & abonnemens qui ont été ou seront faits des Droits de nouvel acquest ou usages pendant le cours du Bail dudit Desboves, lui seront payées sur ses quittances, ou de ses Sous-Fermiers, Procureurs & Commis, par les Receveurs Généraux des Finances, Trésoriers Généraux & particuliers des Pays d'Etat & autres.

Du

Du 28. Juillet 1733.

* Arrest du Conseil, qui excepte du payement des Droits de trois sols pour livre, & des autres Droits réservez, les Procès Verbaux de Visites, Recollemens, Martelages, & autres Actes judiciaires qui seront faits dans les Bois appartenans aux Communautez Ecclésiastiques & Laïques, dans les cas où lesdits Droits sont à leur charge & sans répetition, comme aussi les procedures qui seront poursuivies à la Requête des Procureurs du Roy des Maîtrises, lorsqu'il n'y a point de Parties Civiles; à l'exception néanmoins de ceux desdits Procès Verbaux & autres Actes judiciaires, qui seront émanez, soit des grands Maîtres, ou des Officiers des Maîtrises des Eaux & Forests, pour affaires contentieuses entre particuliers, pour raison desquelles tous les droits réservez seront payez sur le pied qu'ils sont réduits & moderez par la Déclaration du 3. Aoust 1732.

Du 11. Aoust 1733.

* Arrest du Conseil, & Lettres Patentes dudit jour, *régistrées en la Cour des Aydes, le* 11. *Decembre* 1733. qui dispensent les Commis & Employez des Fermes, qui ont prêté serment pendant les précedens Baux, de le prêter de nouveau pendant le Bail de Nicolas Desboves Adjudicataire Général des Fermes; fait défenses aux Juges des Fermes & à tous autres, de les troubler dans leurs fonctions, pour raison de ce, à peine d'interdiction, & de tous dépens, dommages & interests.

Du 29. Aoust 1733.

* Arrest du Conseil, qui ordonne, que par provision, & sans préjudicier au Droit des Parties au Principal, l'Arrest du 10. Octobre 1664. & les conventions passées entre la Cour des Aydes, & le Bureau des Finances de Montauban, *enrégistrés en ladite Cour le* 1. *Mars*, 1697. seront executés selon leur forme & teneur, & en conséquence, les Officiers dudit Bu-

reau des Finances continueront de joüir du rang & de la séance à eux accordés par ledit Arrest, & lesdites conventions, ainsi qu'ils étoient en possession avant les délibérations de la Cour des Aydes, des 14. Avril & 3. Juin 1733.

*Du 12 Septembre 1733.*

* Ordonnance de Monsieur l'Intendant de Paris, qui condamne le sieur Bourdault Notaire à Anet, en deux Amendes de deux cens livres chacune, pour avoir fait contrôler deux Actes dans d'autres Bureaux que ceux dans l'arrondissement desquels il est domicilié; déclare nuls lesdits Actes & le Contrôle d'iceux, & l'interdit de ses fonctions jusqu'au parfait payement desdites Amendes.

FIN.

www.ingramcontent.com/pod-product-compliance
Ingram Content Group UK Ltd.
Pitfield, Milton Keynes, MK11 3LW, UK
UKHW020605180726
13838UKWH00001B/441

9 782329 270180